"Ethan Jones nos sumerge directamente en una forma contemporánea de la 'condición humana'. Reconoce que el Salterio ofrece una respuesta convincente y poderosa a esa condición. En un análisis rigurosamente guiado por la atención a la especificidad textual y plenamente informado sobre la erudición actual, Jones invita al lector a estar alerta a los abundantes recursos del Salterio. Los lectores pueden esperar encontrar en estas páginas conexiones sugerentes entre las imaginativas afirmaciones de la fe y la realidad cotidiana de nuestra vida".

—**Walter Brueggemann**, Seminario Teológico de Columbia

"En sus *Reflexiones sobre los Salmos*, C. S. Lewis afirma que si queremos entender y utilizar los salmos correctamente, debemos leerlos como poesía, con una comprensión de los modos distintivos de la poesía: sus tropos y metáforas, su manera particular de tratar el lenguaje. El excelente libro de Jones hace precisamente eso, prestando atención meticulosa a la yuxtaposición, la paradoja y la metáfora, y al modo en que estos recursos poéticos trabajan para enriquecer el significado. Como resultado, su lectura de los salmos es refrescante, profética y sorprendentemente relevante para la época en la que vivimos".

—**Malcolm Guite**, Girton College, Cambridge

"T. S. Eliot escribió una vez que estamos 'distraídos de la distracción por la distracción', y eso fue mucho antes de que llegara la actual proliferación de dispositivos móviles y sitios de redes sociales. En este volumen reflexivo, Jones ofrece un remedio para la distracción y el aburrimiento que nos aquejan: la poesía de los Salmos. Lo que nos ofrece la poesía bíblica no es una relajación en el 'cuidado personal', sino 'una vida mejor': una vida marcada por hábitos de atención y estudio. Diseñado para no especialistas, este libro resultará edificante e instructivo para una amplia gama de lectores, desde principiantes hasta expertos".

—**Brent

"Al observar que las redes sociales pueden distraernos de invertir en relaciones significativas, Jones sugiere una alternativa novedosa. Mientras que la materialidad de las imágenes digitales en nuestros dispositivos celulares provoca curiosidad, llevándonos a querer más, la cualidad etérea de las imágenes poéticas en el libro de Salmos ofrece una estabilidad reconfortante. Jones utiliza varios salmos para ilustrar su atractivo poético universal en nuestro mundo transitorio, ofreciendo una fascinante recuperación de la poesía bíblica antigua para un contexto contemporáneo".

—**Susan Gillingham**, Worcester College, Universidad de Oxford (emérita)

"*Salmos en una era de distracción* es un encuentro oportuno e impregnado de fe con los Salmos, lleno de sabiduría para abrazar una vida moldeada por las Escrituras en el momento cultural actual. Impulsado por una investigación perspicaz sobre la distracción, el aburrimiento y la atención, el libro de Jones presenta de manera convincente la poética de los Salmos como algo que moldea positivamente el alma. Jones ilustra el potencial formativo de la poesía antes de guiar al lector a través de salmos seleccionados, explorando sus convenciones poéticas específicas con un profundo conocimiento académico y estableciendo conexiones relevantes para vivir fielmente en nuestro tiempo".

—**Katie M. Heffelfinger**, Instituto Teológico de la Iglesia de Irlanda

"Los libros sobre los Salmos tienden a llegar en varios formatos. Entre ellos están los estudios académicos enfocados en la forma, con poco o ningún énfasis religioso, y los libros devocionales que destacan lo espiritual pero ignoran lo literario. El libro de Jones llena admirablemente esa brecha al llamar la atención sobre las características poéticas de los Salmos con la idea de profundizar nuestra comprensión y apreciación de la belleza del libro poético más conocido de la Biblia. Con capítulos dedicados a salmos individuales y su uso de diversas características poéticas, Jones desarrolla la riqueza de los Salmos, arraigada en su idioma y forma originales".

—**Aaron D. Hornkohl**, Universidad de Cambridge

ETHAN C. JONES

Salmos
en una era de
distracción

EXPERIMENTANDO EL PODER
RESTAURADOR DE LA POESÍA BÍBLICA

A menos que se indique lo contrario, todas citas de la Escritura han sido tomadas de la Santa Biblia Nueva Biblia de las Américas™ NBLA™ Copyright © 2005 por The Lockman Foundation. Derechos reservados. Las citas de la Escritura marcadas (NTV) son tomadas de la *Santa Biblia Nueva Traducción Viviente*, © Tyndale House Foundation, 2010. Usadas con permiso de Todos los derechos reservados.

SALMOS EN UNA ERA DE DISTRACCIÓN
Experimentando el poder restaurador de la poesía bíblica

Publicado originalmente en inglés en 2024 bajo el título
Psalms in an Age of Distraction
Experiencing the Restorative Power of Biblical Poetry
por Baker Academic, una división de Baker Publishing Group
Grand Rapids, Michigan

Traducción al español por:
Belmonte Traductores
www.belmontetraductores.com

Editado por Henry Tejada Portales

ISBN: 979-8-88769-421-4
eBook ISBN: 979-8-88769-422-1
Impreso en los Estados Unidos de América
© 2025 por Ethan C. Jones

Whitaker House
1030 Hunt Valley Circle
New Kensington, PA 15068
www.espanolwh.com

Por favor, envíe sugerencias sobre este libro a: comentarios@whitakerhouse.com. Ninguna parte de esta publicación podrá ser reproducida o transmitida de ninguna forma o por algún medio electrónico o mecánico; incluyendo fotocopia, grabación o por cualquier sistema de almacenamiento y recuperación sin el permiso previo por escrito de la editorial. En caso de tener alguna pregunta, por favor escríbanos a permissionseditor@whitakerhouse.com.

1 2 3 4 5 6 7 8 9 10 11 ⊔⊔ 32 31 30 29 28 27 26 25

Para Emily Rose

Índice

Prólogo de Elizabeth Robar 11

Reconocimientos 15

Abreviaturas 17

PARTE 1:
SALMOS, POESÍA Y EL YO DISTRAÍDO

    1. Una era de distracción 21

    2. No una historia 43

    3. Escritura poética 57

    4. Un andamio para el alma 77

PARTE 2:
EXPERIMENTAR EL PODER RESTAURADOR DE LA POESÍA

    5. La yuxtaposición en la poesía: Salmo 1 95

    6. La apertura en la poesía: Salmo 3 103

    7. La repetición en la poesía: Salmo 8 111

    8. La paradoja en la poesía: Salmo 13 119

    9. La metáfora en la poesía: Salmo 42 129

10. La ambigüedad en la poesía: Salmo 62 139
11. Los giros en la poesía: Salmo 73 147
12. La adoración en la poesía: Salmo 96 159
13. La creación en la poesía: Salmo 104 169
14. El final de la poesía: Salmo 150 179

Epílogo 185

Prólogo

ELIZABETH ROBAR
Fundadora de Psalms: Layer by Layer, Scriptura
(Salmos: capa por capa)

Antes me gustaba más la idea de los salmos que los salmos en sí. Me encantaban las canciones basadas en el libro de los Salmos porque tomaban una parte y la convertían en una experiencia completa e inteligible. Su expresividad lírica hacía que mi corazón se hinchara de anhelo por el Señor y me acercaba a mi Dios.

Sin embargo, tomar un salmo individual y entenderlo como una experiencia completa e inteligible era mucho más difícil. Yo no comprendía si el salmista estaba suplicando con desesperación o clamando con confianza. No comprendía cómo el miedo podía transformarse de repente en triunfo. Algunas de las alabanzas en los Salmos me parecían simplistas y, siendo sincera, no muy poderosas. Leer "¡Alaben a Dios!" una decena de veces seguidas no conmovía mi espíritu.

Todo esto cambió con el proyecto llamado *Psalms: Layer by Layer, Scriptura* (Salmos: capa por capa), que ha abierto mis ojos a los salmos como nunca antes. Ahora, cada salmo es un desafío implícito para que mi alma se una a un viaje de fe. Es un viaje que requiere una participación emocional completa, una participación mental completa, y la participación de mis creencias más profundas, en el núcleo mismo de mi ser. A través de cada salmo se despliega ante mis ojos un camino de fe, y se me invita a recorrer ese mismo camino en sintonía con las palabras de la Escritura.

El Salmo 118 habla de una derrota militar casi fatal que se convierte en un triunfo asombroso. El vencedor clama y manifiesta que gracias a la fidelidad del Señor, nunca habrá nada que temer. Al leer y orar con el Salmo 118 me siento desafiada a hacer de ese clamor el mío propio: Dios me está pidiendo que crea que nunca habrá nada que temer. Me está pidiendo que esté dispuesta a experimentar derrotas casi fatales que Él convertirá en triunfos sorprendentes. Cuando llega la angustia, es como si el salmista estuviera a mi lado, desafiándome: ahora se revelará si realmente creo como él creyó.

Antes, el Salmo 150 me parecía aburrido. ¿Cómo podía ser esto la culminación del salterio? Sin embargo, ahora entiendo la historia implícita: el Dios de Israel es coronado como rey del universo, y toda la creación acude a celebrarlo. Todo, incluso el vocabulario y la gramática, ¡se orienta al único objetivo de alabar a Dios como rey! Una de las características más impactantes es un recurso poético que enmarca el salmo. La poesía hebrea disfruta jugando con el alfabeto: un modo de hacerlo es marcar una sección de poesía como completa al comenzar con *aleph*, la primera letra, y terminar con *tav*, la última letra. El Salmo 150 comienza con "¡Alaben a Dios! [v. 1, "Dios" comienza con *aleph*]... Alabe [v. 6, "alabe" comienza con *tav*] al Señor. ¡Alabe al Señor!". Si omitimos la sección de *aleph* a *tav*, lo que queda es "¡Aleluya! ¡Aleluya! ¡Aleluya!". La poesía presenta todo el contenido, "de la A a la Z", como absorbida en un doble aleluya.

Cada vez que explico esta característica poética del Salmo 150, mi corazón empieza a latir con más rapidez. La imagen misma de mi propia vida, mi propia historia y todas mis experiencias, de la A a la Z, un día siendo absorbidas en la alabanza a nuestro Dios y Rey, casi me deja sin aliento. Me impacta profundamente al darme cuenta de que alabar a Dios es mi meta en la vida.

Por tradición, la marca de un erudito es una relación desapasionada con el objeto de estudio, lo cual se supone que permite un enfoque imparcial; pero si estudiara el libro de los Salmos sin ninguna participación emocional, perdería su verdadero propósito. Estos salmos buscan atraerme a una vida de fe, a experimentar la vida de manera más completa y gráfica, porque nada queda fuera. Junto a los temores más profundos y las mayores alegrías está el Dios del pacto, quien me guía a través de todo ello. Es una historia de sufrimiento y dolor que culmina en una alegría desbordante, en la alabanza a un Rey victorioso. Es una historia sobre cómo yo soy parte de una historia más grande, una que comenzó en la creación y continuará hasta que el cielo reine en una nueva tierra. Se me invita a desempeñar mi propio papel en esa historia, en la que mis lágrimas y triunfos se alinean con los de Moisés, David, Jesús, y cada creyente que ha orado o cantado los Salmos. Los Salmos me muestran mi lugar en este mundo y me enseñan cómo vivir la vida como una hija del pacto de Dios. Que lo mismo sea cierto para ti.

Reconocimientos

El proceso de componer este libro ha sido una alegría de principio a fin. Comenzó como una sugerencia firme, pero suave de mi esposa. Como académico, me deleito en los detalles técnicos del hebreo y de la poesía, muchos de los cuales aparecen en ensayos y libros para colegas académicos. Emily me aconsejó delicadamente que era hora de poner algunas de mis reflexiones por escrito para los lectores interesados que no son especialistas. Desde ese momento, supe exactamente qué necesitaba escribir y con quién quería trabajar. Anna Gissing en Baker Academic ha sido mi defensora, una guía constante y una animadora firme.

La mayor parte de mi escritura tuvo lugar en una de mis ciudades favoritas del mundo: Cambridge, Inglaterra. Amigos, colegas académicos, nieve, capillas y buenos libros crearon un ambiente invernal idílico. Una vez en casa, en la belleza del Big Easy (Nueva Orleans), pude terminar el libro. Estoy inmensamente agradecido a mi presidente en el Seminario Teológico Bautista de Nueva Orleans, Jamie Dew, y a mi rector, Norris Grubbs, por su apoyo. También agradezco a mis amigos y colaboradores, especialmente a Charlie Ray y

Tyler Wittman, quienes han agudizado mi pensamiento, escritura y dedicación. Mi asistente de investigación, Sarah Haynes, ha sido un tesoro. Su ojo agudo, paciencia y cuidado han bendecido mi trabajo.

Como se verá, mi visión de los Salmos ha sido moldeada significativamente por la Iglesia Immanuel Commnity Church en Nueva Orleans. Mi corazón se ha habituado a la vida de la iglesia, siempre estimulante y sustentadora en la adoración por encima de la mera teorización académica. Mi pastor, Matthew Delaughter, ha sido un regalo especial en esta temporada. Siempre estaré en deuda con George Klein, mi mentor y amigo, quien inicialmente me acercó al pozo de los Salmos. Además, debo mencionar a Dan Estes, cuyo aliento ha sido constante. Gracias a mi querida amiga Katherine Holmes por contribuir con su obra de arte, *Like Wings* (Como alas), para la portada. Aunque ella vive al otro lado del mundo, su espíritu generoso, su habilidad y su fe me animan en mi trabajo.

Este libro no sería, o no sería lo que es, sin mi familia. Mis hijos, ambos vivaces, inteligentes, generosos y empáticos, conocen los salmos a través de la canción, la oración y la recitación. Su disposición y conocimiento se deben principalmente a su madre, mi esposa, llena de sabiduría y hospitalidad, quien impulsó este proyecto hacia adelante y a quien está dedicado. Por último, este libro trata sobre Dios, porque el libro de los Salmos de hecho trata sobre Dios: Padre, Hijo y Espíritu Santo. Si algo se puede ganar con este libro, será solo paja si no invita al lector a adorar al Dios viviente y verdadero.

Abreviaturas

GENERALES Y BIBLIOGRÁFICAS

cf.	*confer* (latín), comparar
cap(s).	capítulo(s)
ed(s).	edición, editor(es), editado por
e.g.	*exempli gratia*, por ejemplo
esp.	especialmente
JSOT	*Diario para el estudio del Antiguo Testamento*
JSOTSup	*Diario para el estudio del Antiguo Testamento, Series de Suplemento*
JTI	*Revista de Interpretación Teológica*
JTISup	*Revista de Interpretación Teológica*, Suplementos
LHBOTS	La Biblioteca de la Biblia Hebrea / Estudios del Antiguo Testamento
rev.	*revised*
trans.	Traducido por, traductor(es), traducción
v.	versículo
vv.	versículos

PARTE I

Salmos, poesía y el yo distraído

1

Una era de distracción

La distracción "es ahora una competencia universal. Todos somos expertos".[1]

No necesitamos estadísticas para demostrar que vivimos en una era distraída. Nuestras vidas son la evidencia. Mientras conversamos con amigos, asienten obligatoriamente con la cabeza mientras lentamente buscan sus teléfonos. Revisan mensajes, redes sociales y más, todo mientras dan una señal física a medias de que están escuchando. Un vehículo se detiene en un semáforo, y el conductor pasa rápidamente las páginas digitales esperando encontrar algo interesante. Una pareja joven casada en un restaurante, ligeramente emocionada por pedir su platillo favorito, se sientan desplazándose en sus teléfonos en silencio, mientras una pareja de ancianos en una mesa adyacente hace lo mismo. Finalmente, una noche libre de responsabilidades, citas y actividades, piensan. Descansan y se relajan en la comodidad de la distracción digital. Regresan a la casa, ordenan la casa, y se dirigen a

---

1. Joshua Rothman, "A New Theory of Distraction", *The New Yorker*, 16 de junio de 2015, https://www.newyorker.com/culture/cultural-comment/a-new-theory-of-distraction.

la cama, todo mientras anticipan una pantalla brillante de entretenimiento. Estos son días normales para personas normales.

Este no es un libro sobre los medios digitales: sus beneficios o sus perjuicios. Este libro habla sobre el libro de los Salmos. Estos salmos perduran. A lo largo de los siglos, los cristianos los han leído, orado y cantado; sin embargo, el ritmo diario de la vida moderna presenta más distracciones que textos bíblicos. Mi preocupación tiene que ver con el balance entre las dos, pero no necesariamente con relación al tiempo. Por ejemplo, no estoy hablando de sencillamente poner más Biblia en la hoja de tiempo diario y menos redes sociales (aunque eso, ciertamente, no sería una mala idea). Mi interés reside en cómo tanto la distracción como los salmos pueden moldear nuestras vidas.

Hay mucho más en la distracción de lo que podríamos pensar en un principio. Debajo de ella hay algo tan sustancial como común: *el aburrimiento*. Sin duda, todos hemos estado bien familiarizados con el aburrimiento desde la infancia, y al igual que la distracción, "el aburrimiento es un problema perenne".[2] Tal vez, sorprendentemente, la naturaleza del aburrimiento puede ser de hecho una especie de clave para la vida, porque "entender el aburrimiento es entenderse a uno mismo".[3] El aburrimiento puede, por supuesto, empujar en mil direcciones, desde buscar en las redes sociales hasta buscar el botón de "posponer", pero, en esencia, el aburrimiento "señala una desalineación de nuestros deseos con nuestro entorno".[4] De forma significativa, no todos los aburrimientos son iguales: su consecuencia puede ser grave o insignificante, conduciendo a todo, desde un matrimonio roto hasta un grupo de amigos riendo sobre el último meme.

En esta era actual de entretenimiento, de caras tenuemente iluminadas y multitareas, *Salmos en una era de distracción* presenta argumentos positivos a favor de este libro bíblico, particularmente

---

2. Kevin Hood Gary, *Why Boredom Matters: Education, Leisure, and the Quest for a Meaningful Life* (Cambridge: Cambridge University Press, 2022), p. 26.
3. Gary, *Why Boredom Matters*, p. 9.
4. Gary, *Why Boredom Matters*, pp. 12-13.

su importancia para este momento moderno.[5] Los salmos, como una rica colección de poemas, siguen listos para entrenar nuestros oídos, afirmar nuestros corazones, enseñar nuestras oraciones, y extender nuestra imaginación.[6] Los salmos son poesía para el alma, y esta poesía nos moldea.

El presente capítulo esboza, a través de poetas, filósofos y teólogos, lo que está sucediendo en la vida interior debido a nuestra cultura de distracción. El propósito aquí es arrojar algo de luz sobre nuestro contexto, pero no como un ejercicio de pánico, miedo y anhelo por algún pasado (imaginado). En cambio, al hacer un balance de dónde estamos, podemos obtener una idea de cómo la poesía en general puede cultivar nuestra atención y enfocar nuestras vidas de manera fructífera. De modo más concreto, queremos notar cómo la poesía hace esto por el peregrino que camina con Dios. En respuesta a los vicios que acechan a los distraídos y aburridos, presento una breve teología de la atención que nos prepara para comprender cómo y por qué la lectura de los Salmos es significativa para el presente.[7] Antes de hacerlo, sin embargo, introduzco la complejidad y la frustración del concepto, aparentemente simple, del aburrimiento.

---

5. Para una crítica fundamental de una tecnología específica relevante para el tema, pero demasiado limitada para el capítulo en cuestión, ver Tiger C. Roholt, *Distracted from Meaning: A Philosophy of Smartphones* (Londres: Bloomsbury Academic, 2023). Ver también el muy preciso artículo de Jonathan Haidt, "Get Phones Out of Schools Now", *Atlantic*, 6 de junio de 2023. Para un tratamiento práctico y reflexivo, ver Andy Crouch, *The Life We're Looking For: Reclaiming Relationship in a Technological World* (Nueva York: Convergent, 2022).
6. Ver, por ejemplo, los recientes poemas inspirados por y como respuesta a la poesía de los Salmos: Malcolm Guite, *David's Crown: Sounding the Psalms* (Norwich, Reino Unido: Canterbury, 2021); Michael O'Siadhail, *Testament* (Waco: Baylor University Press, 2022); y Edward Clarke, *A Book of Psalms* (Brewster, MA: Paraclete, 2020); así como el recurso pastoral de Brent Strawn y Roger van Harn, eds., *Psalms for Preaching and Worship: A Lectionary Commentary* (Grand Rapids: Eerdmans, 2009).
7. Ver también N. T. Wright, *The Case for the Psalms: Why They Are Essential* (Nueva York: HarperCollins, 2013).

ABURRIMIENTO

El novelista David Foster Wallace investiga lo que se esconde bajo la superficie de la sociedad moderna, al concluir: "Seguramente algo debe haber detrás no solo de la música de fondo en lugares aburridos o tediosos, sino también ahora, detrás de la televisión actual en las salas de espera, los cajeros de supermercados, las puertas de embarque de los aeropuertos, los asientos traseros de las camionetas. Walkmans, iPods, BlackBerries, teléfonos celulares que se adhieren a tu cabeza... Hay un terror al silencio sin nada para distraerse. No creo que nadie realmente crea que la llamada 'sociedad de la información' de hoy, se trata solo de información. Todos saben que se trata de algo más, mucho más profundo".[8] Las observaciones de Wallace nos llevan a considerar la naturaleza del aburrimiento.

La primera categoría y la más significativa que encontramos es el *aburrimiento existencial*. Este estado habla de la "desilusión de la vida y una lucha por encontrar sentido".[9] Una definición, o un diagnóstico preciso del aburrimiento existencial, no es particularmente fácil. Entre otras cosas, implica atenuar la viveza de la vida e impregnarse de un profundo desinterés. Alguien que experimenta el aburrimiento existencial lee la vida de manera similar al "Predicador" en Eclesiastés: *Todo es vanidad* (1:1-2). De manera significativa, esta persona aburrida está desconectada; sin embargo, incluso puede haber una "sutil arrogancia" que conlleva el aburrimiento existencial.[10] Esta arrogancia refleja la capacidad de recorrer el mundo y no encontrar nada de interés o significado, nada lo suficientemente importante para su tiempo, ninguna idea que despierte lo suficiente su curiosidad.[11]

La segunda categoría es el *aburrimiento situacional*. Este aburrimiento, como era de esperarse, se basa principalmente, si no

---

8. David Foster Wallace, *The Pale King: An Unfinished Novel* (Nueva York: Little, Brown, 2011), 93, citado en Gary, *Why Boredom Matters*, p. 37.
9. Gary, *Why Boredom Matters*, p. 21.
10. Gary, *Why Boredom Matters*, p. 35.
11. Gary, *Why Boredom Matters*, p. 35.

exclusivamente, en condiciones externas.[12] Pensemos en estar en una fila en el supermercado o esperando en una puerta de embarque del aeropuerto. Nos encontramos en este tipo de momentos inevitables, sin importar quiénes seamos o a qué nos dediquemos. Por desgracia, la inevitabilidad del aburrimiento situacional puede cruzarse con la versión existencial, mucho más seria, mencionada anteriormente. Por ejemplo, nuestro intento de "evitar el aburrimiento situacional *intensifica* el aburrimiento existencial".[13] Es decir, nuestro reflejo habitual para lidiar con los momentos aburridos tiene un efecto preocupante en nuestra persona. Este es un punto significativo que merece reflexión.

Imagina, por ejemplo, una semana en la que cada noche termina con horas de pantallas parpadeando. Desplazarse en el teléfono y, al mismo tiempo, ver programas en la televisión ayuda a tener un poco de "tiempo para mí", decimos. Las semanas se suman, los meses se acumulan, y la constante acumulación nos abruma. En algún momento, manejando al trabajo, o tal vez cortando el césped, nos preguntamos: "¿Qué estoy haciendo con mi vida?". Una niebla de falta de sentido impide una visión clara. Es como si la única razón por la que nos despertamos y trabajamos fuera para tener momentos de entretenimiento en *streaming* en la noche. Sabemos intuitivamente que eso no está bien, pero nuestros hábitos no se alinean. Sabemos que la alegría de criar hijos o la felicitación de una vida bien vivida no tiene nada que ver con disfrutar del aburrimiento y la distracción.[14]

---

12. Gary, *Why Boredom Matters*, p. 21.
13. Gary, *Why Boredom Matters*, p. 21 (énfasis añadido).
14. Ver al perspicaz David Brooks, *The Road to Character* (Nueva York: Random House, 2015).

Aun así, para muchos de nosotros, nuestras vidas y nuestros objetivos están desorientados.[15]

Es importante reconocer que el aburrimiento existencial no tiene su origen principalmente en la personalidad, "más bien es una parte constitutiva de la condición humana".[16] En otras palabras, cada uno de nosotros debe enfrentarse a esta realidad. Como dijimos anteriormente, el aburrimiento situacional puede encender el aburrimiento existencial, pero no debe pasarse por alto que la naturaleza cotidiana y tediosa del aburrimiento situacional es avivada por la "fatiga de la saciedad". La pesada frase "fatiga de la saciedad" proviene de Robert Louis Stevenson, y hace referencia al hecho de que nuestro entorno *no es neutral, sino que sobreestimula*.[17] Notablemente, la observación de Stevenson se hizo en 1880, y obviamente mucho ha cambiado desde entonces: las herramientas para la estimulación ahora son innumerables. Vivimos en una economía de sobreestimulación.

A pesar de la avalancha de tecnologías de distracción, aquí necesitamos ser claros en la lógica. No necesariamente estamos distraídos o aburridos *a causa de* la tecnología, pero nuestra propensión a entretenernos *con* la tecnología hoy en día es innegable.[18] La tecnología no puede considerarse como *el* enemigo o *el* problema; sin embargo, "existe una extensa industria del ocio (por ejemplo, parques temáticos y programas en *streaming*) que se apropia y da *forma y dirección* a cómo concebimos lo que es el ocio y lo que nos motiva".[19] Este efecto modelador es precisamente de lo que trata *Salmos en una era de distracción*.

---

15. Como observa Agustín: "Vivir una vida justa y santa requiere ser capaz de hacer una evaluación objetiva e imparcial de las cosas; amar las cosas... en el orden correcto, para que no ames lo que no debe ser amado, ni dejes de amar lo que debe ser amado, o tengas un amor mayor por lo que debería ser amado menos, ni un amor igual por cosas que deberían ser amadas menos o más, ni un amor menor o mayor por cosas que deberían ser amadas igualmente". *De doctrina Christiana*, trans. Edmund Hill (Hyde Park, NY: New City, 2007), 1.27.
16. Gary, *Why Boredom Matters*, p. 66.
17. Gary, *Why Boredom Matters*, p. 28.
18. Gary, *Why Boredom Matters*, p. 32.
19. Gary, *Why Boredom Matters*, p. 67 (énfasis añadido).

La motivación y el *telos* (propósito) se encuentran en el ideal moderno del yo consentido que busca *desconectar* y relajarse, como en un crucero de lujo o en un resort completamente acomodado. El libro de los Salmos es opuesto a este modo estándar de operar. Esto, por supuesto, no quiere decir que un crucero o un resort sean inherentemente malos, pero espero que quede claro que *cómo* buscamos y nos esforzamos por tener estos momentos de *desconexión* dice mucho sobre nuestra visión de Dios, así como sobre nuestra vida con Él.[20]

Los salmos nos enseñarán —a veces de forma tierna y otras veces no con tanta ternura— que el objetivo de la vida, ya sea que tengamos 20 o 60 años, no es relajarnos en el cuidado de nosotros mismos; los salmos visualizan una vida mejor.

PRÁCTICA FOCALIZADA

A lo largo de los siglos, mentes sabias han considerado cómo combatir o reconfigurar el aburrimiento para tener una vida próspera. Una sugerencia persistente ha sido elegir *prácticas focalizadas*.[21] Estas costumbres sirven como un "fuego" de atención: pueden cambiar

---

20. Para evitar que algunas de las descripciones anteriores se apliquen solo a aquellos que podrían ganar más dinero, Gary iguala el terreno de juego: "La mayoría de nosotros, dados los compromisos sociales y la saturación implacable de entretenimiento, tiene que participar, en cierta medida, en actividades similares a las de un crucero" (*Why Boredom Matters*, p. 69). Un ejemplo reciente es el hecho de que en casi todos los grupos demográficos imaginables, las personas pueden ser vistas desplazándose y tocando sus (razonablemente caros) teléfonos mientras esperan para tomar un avión. Esto se hace aún más evidente cuando niños tan pequeños como de un año de edad tienen su propia tableta para pasar el tiempo mientras viajan. Una cantidad inusual de lujo aparece en varios sectores de la sociedad. Estas formas modernas de ocio pueden interpretarse apropiadamente como "autoanestesia", y este propósito (a menudo no percibido) del ocio impregna la cultura moderna.
21. Notablemente, la poesía y la acedia se encuentran de frente en la compleja y triunfante poesía de T. S. Eliot, como señala Susan Colón: "Eliot plasmó en su poesía cristiana una manera paradójica de imaginar y apropiarse de remedios para la acedia que ataba a tantos de sus contemporáneos en distracción y desesperación". "Este mundo que titubea", *Religion and Literature* 43 (2011): p. 86.

nuestra visión y transformar nuestras vidas.²² Hay un debate entre los filósofos sobre qué constituye exactamente una práctica focalizada, pero el alcance no es de mi incumbencia.²³ Lo más importante es el hecho de que estas prácticas pueden estar hechas del tejido cotidiano de la sociedad.²⁴ Piensa en cosas como jardinería, correr, tocar música o cocinar. En su esencia, estas prácticas son fundamentales y tienen la capacidad de ayudarnos a crecer y madurar. El propósito, sin embargo, no es convertirse en un experto o un profesional.

En contraste con cualquier práctica focalizada está la prevalencia de la conveniencia, especialmente dada la prominencia de la tecnología de distracción.²⁵ Sin embargo, debemos disfrutar del hecho de que "las prácticas focalizadas, y las cosas con las que nos dirigen a participar cuidadosamente, están en oposición directa" al estilo de vida frenético, impaciente y excesivamente distraído que muchos de nosotros somos propensos a tener.²⁶ Una manera clave mediante la cual alguien cultiva una vida floreciente con estas prácticas es fomentar un espíritu de *estudio*.²⁷ Esto no es de modo alguno un argumento novato: dos de las figuras clave que se mencionan regularmente son Tomás de Aquino y Agustín de Hipona. Además, debemos tener claro que el estudio va más allá del salón de clase y que el espíritu de estudio "debería penetrar en cada actividad", desde la escritura a la jardinería.²⁸

En la superposición del estudio y la práctica focalizada, pienso en mi esposa, cuya destreza y dedicación constante a la jardinería han

---

22. Ver Albert Borgman, *Technology and the Character of Contemporary Life: A Philosophical Inquiry* (Chicago: University of Chicago Press, 1987).
23. Cf. Alasdair MacIntyre, *After Virtue: A Study in Moral Theory*, 3.ª ed. (Notre Dame, IN: University of Notre Dame Press, 2022).
24. Gary, *Why Boredom Matters*, p. 93.
25. Gary, *Why Boredom Matters*, p. 94.
26. Gary, *Why Boredom Matters*, p. 95.
27. Gary, *Why Boredom Matters*, pp. 95-96.
28. Gary, *Why Boredom Matters*, p. 101. Más adelante, afinaré su punto con una explicación teológica. Por ahora, simplemente me gustaría hacer su argumento más específico.

aumentado de modo significativo a lo largo de los años. Si caminaras por nuestro jardín, entrarías por un toldo de glicinas, girarías hacia un parterre de fresas, y mirarías hacia un árbol de satsuma adyacente a filas de frijoles largos y quimbombó, todo salpicado de altas y fluorescentes zinnias. Al caminar por nuestra cocina en un día cualquiera, verías una variedad de libros y carpetas, cajas de paquetes de semillas perfectamente organizados, y una hoja de cálculo de Excel sorprendentemente codificada. Sin nombrarlo nunca como tal, Emily ha estado haciendo una práctica focalizada. Esta práctica la aleja de las distracciones triviales y dirige su atención hacia un buen trabajo que la beneficia a ella, a nuestra familia, a nuestros vecinos y a nuestra iglesia. Su estudio constante de la jardinería ha conducido a un gabinete entero de frascos usados que están listos para flores recién cortadas que Emily entrega, según su deseo, a un vecino o amigo desprevenido. Sonrisas y abrazos abundan a través del sencillo acto de cortar y compartir flores cultivadas en casa. Esta actividad es un bien que requiere atención.

Al igual que la jardinería, sostengo que leer poesía es una actividad que puede servir de práctica focalizada. Con esto me refiero a la poesía en general. Atender el lenguaje de la poesía requiere cuidado y atención a su sonido, movimiento, imágenes, y más. Elaine James hace uso de la imagen de un laberinto al ayudar a los lectores a entender que caminar por un poema nunca es algo sin sentido: "No hay giros equivocados".[29] La principal manera de participar en la poesía, dice ella, es reconocer que "el poema nos plantea preguntas: ¿le darás tu *tiempo y atención?*".[30] Es más, ella deja claro que "un poema no tiene atajos. Le pide a su audiencia que invierta tiempo, energía, cuidado y, sobre todo, *atención*".[31] Probablemente no le sorprenda a nadie que se necesite tiempo para crecer en la habilidad de leer poesía.

---

29. Elaine James, *An Invitation to Biblical Poetry*, EBS (Nueva York: Oxford University Press, 2021), p. 15.
30. James, *Invitation to Biblical Poetry*, p. 15 (énfasis añadido).
31. James, *Invitation to Biblical Poetry*, p. 15 (énfasis añadido).

En mi experiencia, muchos se quejan de la literatura poética porque no saben cómo funciona. Si bien estos lectores poco interesados podrían beneficiarse de todo tipo de instrucción sobre las características técnicas de la poesía, desde el principio considero más importante afirmar que la poesía, como forma literaria, inspira el espíritu de estudio y asombro.[32] Sin embargo, el peso de mi argumento me lleva a preguntar: ¿cuánto más para el libro de los Salmos? Ciertamente, mi argumento a lo largo de este libro no es que leer los salmos sea completamente análogo a jardinería, correr, tocar música o cocinar, como si fuera solo una práctica más para elegir. Más bien, sostengo que la poesía de los Salmos está diseñada para captar tanto la atención como la imaginación de cualquier nivel de lector para guiarnos en la *oración y adoración al Dios vivo*.[33] El libro de los Salmos nos llega como poesía; y como tal, creo que la forma está especialmente adecuada para atraernos y enfocar nuestra atención en quién es Dios y cómo tener comunión con Él en oración y alabanza.

Placide Deseille observa acertadamente que "una de las prácticas espirituales más apreciadas de los monjes antiguos era la meditación constante en los textos bíblicos, especialmente los Salmos".[34] El acto de leer los salmos nos ayuda a vivir hacia una nueva manera de vivir. Se dice que la poesía en general es para la contemplación, y la poesía

---

32. Ver, por ejemplo, Jean-Pierre Sonnet, "He Who Makes Wonders: God's *Mirabilia* in the Hebrew Bible—Between Narrative and Poetry". en *Astonishment: Essays on Wonder for Piero Boitani*, ed. Emilia di Rocco (Roma: Edizioni di Storia e Letteratura, 2019), pp. 38–39; Luis Alonso Schökel, *A Manual of Hebrew Poetics*, trans. Adrian Graffy, Subsidia Biblica 11 (Roma: Editrice Pontificio Istituto Biblico, 1988); William Brown, *Seeing the Psalms: A Theology of Metaphor* (Louisville: Westminster John Knox, 2002).
33. Para un tratamiento importante sobre la oración en el Antiguo Testamento, ver Samuel E. Balentine, *Prayer in the Hebrew Bible: The Drama of Divine-Human Dialogue*, Overtures to Biblical Theology (Minneapolis: Fortress, 1993).
34. Placide Deseille, "Acedia according to the Monastic Tradition", *Cistercian Studies Quarterly* 37 (2002): p. 297.

de los salmos en particular puede servir como una práctica focal. [35] Para que la práctica sea *focalizada*, debe contar con la realidad de la atención, un tema al que acudimos ahora.

LECTURA Y ATENCIÓN

El crítico literario Alan Jacobs escribe sobre la tecnología, el alma y la atención de una manera impactante. En una de sus "tesis para la disputa" comienza con una cita de la filósofa y poeta Simone Weil: "Hay algo en nuestra alma que aborrece la verdadera atención mucho más violentamente de lo que la carne aborrece la fatiga. Ese algo está mucho más cerca del mal que la carne. Por eso, cada vez que verdaderamente damos nuestra atención, destruimos algo del mal en nosotros. Si uno presta atención con esta intención, quince minutos de atención valen mucho más que muchas buenas obras". Jacobs destaca la intervención aquí con términos sorprendentes. Comenta sobre Weil que "atender genuinamente es entregarse con intención; es decir: mientras contemple a esta persona, o esta experiencia, o incluso esta cosa, le concedo un grado de dominio sobre mí. Pero yo elegiré dónde va mi atención; está en mi poder concederla o retenerla".[36] Esta tesis subraya la costosa realidad de nuestra atención; es justo decir que la mayoría de nosotros no reflexionamos mucho sobre esta verdad. Al ver un maratón de un programa o desplazar la pantalla táctil durante horas, realmente no hemos tenido en cuenta cómo nos estamos entregando a un dispositivo digital y su entretenimiento; nos decimos a nosotros mismos "simplemente estamos pasando el tiempo". Digo esto no para comenzar a imponernos leyes y abrumarnos con culpabilidad. Por el contrario, solo quiero considerar una manera más

---

35. Para la lucha por ubicar la contemplación en relación con la retórica de la poesía, consulta Irene P. Garrison, *Persuasion, Rhetoric, and Roman Poetry* (Cambridge: Cambridge University Press, 2019), 9–45, especialmente pp. 9-12.
36. Alan Jacobs, "Attending to Technology: Theses for Disputation", *The New Atlantis* 48 (Invierno de 2016): p. 17. Ver también Jacobs, *The Pleasure of Reading in an Age of Distraction* (Nueva York: Oxford University Press, 2011).

hermosa de vivir que no sea participar sin pensar en estas tecnologías de distracción durante horas y horas.

Jacobs reflexiona sobre un par de frases comunes relacionadas con la atención y proporciona una exégesis filosófica. Por ejemplo: "Ojalá hubiera *prestado* más atención"; "Eso necesita toda la atención que le puedas *dar*". Él responde que "ambos verbos son necesarios". El primero resalta una vez más el valor del costo, mientras que el segundo enfatiza "nuestra libertad de elección". Él amplía el punto y afirma que el "planeta merece atención". Desarrollando esta verdad, encuentra que la "belleza del agua es algo como lo opuesto a dos pecadores necios que se maldicen el uno al otro: sería vil *no* interesarse en ella".[37] El mundo está lleno de asuntos que merecen atención.

Atender completamente y con seriedad a una cosa significa no atender a otra. Simplemente no puedo desplazarme por mi teléfono, ver un partido de fútbol, y hablar con mi hijo sobre su día, todo al mismo tiempo, y hacerlo todo igualmente bien. Se pueden hacer intentos (y se han hecho); sin embargo, sé que solo puedo hacer una cosa, y esa elección importa. Cuando un compañero de trabajo está enfrentando una dificultad, aunque sea menor, y yo tengo una conferencia que dar, un capítulo que escribir o trabajos que calificar, el costo es evidente. Tengo que decidir qué recibe mi atención. En cualquier caso, la decisión tiene un precio, como escribe Jacobs: "Ningún momento nos llega dos veces". Darnos cuenta de ello puede despertarnos a la dura realidad de la vida o dejarnos paralizados e inactivos; sin embargo, en nuestro mejor estado podemos reflexionar sobre lo que es la vida y, a su vez, vivir bien en el momento.[38]

---

37. Jacobs, "Attending to Technology", p. 18 (énfasis en el original).
38. Ver también Alan Jacobs, "Habits of Mind in an Age of Distraction: Small Steps to Meet the Challenge of Hearing God in a Technologically Disruptive Environment", *Comment*, 1 de junio de 2016, https://comment.org/habits-of-mind-in-an-age-of-distraction.

CURIOSIDAD Y ESTUDIO

A menudo se nos enseña, y a su vez enseñamos, que la curiosidad es buena. Animar a los estudiantes a ser curiosos es algo bastante normal. Recientemente, una profesora colega mía recibió halagos escritos por lo curiosa que es. Este es un lenguaje común para describir algo elogiable. En la manera en que la mayoría usamos la palabra, la curiosidad conduce a una apertura a cosas nuevas y a nueva información, a menudo coincidiendo con el esfuerzo por obtener ese conocimiento. Esto está bien, pero cuando consideramos la curiosidad desde un punto de vista teológico, es sorprendentemente destructiva, y no solo porque podamos ser curiosos con las cosas erróneas.

Con respecto a la búsqueda de lo novedoso, Zena Hitz observa sabiamente que "caemos en la persecución de espectáculos, ya sean los espectáculos de nuestras propias acciones o los espectáculos que tenemos disponibles desde nuestro cómodo asiento".[39] Esto no podría describir mejor nuestros tiempos intermedios. Ya sea la frivolidad de las revistas de cultura pop en la fila del supermercado o el adormecedor desplazamiento por las redes sociales con los llamados *influencers*, el "espectáculo" es un valor oportuno.

El estudio, por otro lado, es un apetito disciplinado por el conocimiento.[40] Absorber cada titular de noticias, con interminables comentarios de expertos, no cumpliría este objetivo. Buscar en Google frenéticamente cada dato pequeño y, a menudo, insignificante, no define una vida ordenada. La información, por sí misma, no necesariamente produce frutos.

La búsqueda vana y apresurada de información habla de una incapacidad por mantener la concentración durante cualquier cantidad significativa de tiempo. Así es como muchos de nosotros actuamos, y

---

39. Zina Hitz, *Lost in Thought: The Pleasures of an Intellectual Life* (Princeton: Princeton University Press, 2020), 147. Para todos mis colegas profesores, el inicio del libro de Hitz vale la pena leerlo al comienzo de cada semestre.
40. Véase Paul J. Griffiths, *Intellectual Appetite: A Theological Grammar* (Washington, DC: Catholic University of America Press, 2009).

probablemente admitiríamos que necesitamos ayuda en este aspecto. En principio, cultivar el estudio implicaría despejar nuestro entorno y buscar soledad y silencio.[41] Sin duda, menos desorden y menos pantallas serían propicios para el estudio, pero a menudo estos elementos físicos están profundamente arraigados en lo que hace que nuestra casa sea un *hogar*.[42] Lamentablemente, "la contemplación se interrumpe fácilmente por charlas y ruidos innecesarios (tanto internos como externos). El estudio se alimenta mediante el silencio y la soledad; sin embargo, a menudo incómodos con ambos, nos rodeamos de ruido y nos dejamos llevar por las charlas".[43] Sin embargo, organizar nuestro escritorio o sala de estar tiene sus límites: el problema es mucho más profundo y teológico. Darle paso al estudio desafía nuestra inclinación a evitar la concentración, con el aburrimiento siempre acechando en un segundo plano. Aunque parece que estamos entrenados para evitar el aburrimiento, necesitamos tener claro que el aburrimiento es "un presagio del significado".[44] Así, en lugar de buscar eludirlo y desviarlo, deberíamos enfrentarnos a él cara a cara.

Según el teólogo John Webster, "la inteligencia teológica cristiana se ejercita en el conflicto entre la *virtud del estudio* y el *vicio de la curiosidad*".[45] Es fundamental el hecho de que llegar a ser virtuoso no se logra mediante la mera adquisición de habilidades y conocimiento.[46] Por lo tanto, no necesitamos tan solo afinar nuestra agenda; más bien, necesitamos agarrar la mano de la curiosidad y el estudio en

---

41. Gary, *Why Boredom Matters*, p. 101.
42. Por supuesto, esto no necesariamente apunta hacia alguna forma de minimalismo, que en ocasiones tiene buenas intenciones, pero que hoy en día puede interpretarse como una religión en el peor sentido.
43. Gary, *Why Boredom Matters*, pp. 102-3.
44. Gary, *Why Boredom Matters*, 110.
45. John Webster, "Curiosity", en *The Domain of the Word: Scripture and Theological Reason* (Londres: T&T Clark, 2017), p. 193 (énfasis añadido). Aunque Webster parece reflexionar sobre un ámbito limitado de teólogos, estoy ampliando intencionadamente el marco de referencia.
46. Webster, "Curiosity", p. 193.

términos de vicio y virtud.[47] Webster añade, sin suavizar el asunto, que estamos hablando de nuestra "complicidad con la curiosidad, la idolatría, la vanidad y la mentira", pero esto *no* es, sin embargo, la suma de las criaturas humanas.[48] El amor ordenado, que da la ubicación adecuada a la atención, nos dirige correctamente.[49]

La idea clave del estudio es su "puesta en práctica bien ordenada y moderada".[50] Esto está lejos de ser un acto superficial, rápido y con atención a medias; más bien, Webster plantea un tipo de vida que es "diligente, concentrada, y dispuesta a esforzarse por adquirir conocimiento".[51] Ahora podemos comenzar a ver la posible superposición de una práctica focalizada y el estudio. Además, Webster nos ayuda a prepararnos para leer los Salmos al escribir: "Uno de los principales estándares intelectuales de excelencia es el requisito de que la dedicación estudiosa de las facultades mentales se relacione de tal manera con el objeto de estudio que se respete su integridad a medida que se llega a conocer".[52] Esta descripción sólida de la actividad abarca muchas áreas de la vida. En lo que respecta a la Escritura, especialmente al libro de los Salmos, esto sugiere que una lectura frenética, apresurada e instrumentalizada de la Biblia en busca de una rápida "palabra para el día", no está a la altura de la *integridad* de la Escritura. La Biblia no es una pata de conejo mágica, y tampoco una invocación que se murmura para tener un día más positivo. La atención que se le da a la Escritura debería estar a la altura de la naturaleza de este libro sagrado.

El estudio tiene mucho que ver con el deseo, y ciertamente el deseo de un nuevo conocimiento es natural en los seres humanos.[53]

---

47. Webster, "Curiosity", p. 193.
48. Webster, "Curiosity", p. 194.
49. Sobre esto, ver el libro accesible de James K. A. Smith, *You Are What You Love: The Spiritual Power of Habit* (Grand Rapids: Brazos, 2016).
50. Webster, "Curiosity", p. 194.
51. Webster, "Curiosity", p. 194.
52. Webster, "Curiosity", p. 194.
53. Webster, "Curiosity", p. 195.

Sin embargo, este deseo, como podríamos esperar, tiene que estar ordenado adecuadamente. Casi paradójicamente, el estudio "lleva dentro de sí un elemento de descontento", ya que no se está satisfecho prematuramente.[54] La curiosidad, por otro lado, "termina en la *superficie*", como la comida rápida que no sacia.[55] La paciente concentración de una persona atiende continua y cuidadosamente las preocupaciones centrales, lo cual es sumamente difícil, dado lo fácilmente que nos aburrimos y distraemos.

En el peor de los casos, "la curiosidad se entrega a cualquier fuente de fascinación que se le presente, especialmente si es novedosa".[56] Es lo que Tomás de Aquino llama "un deseo de descubrir".[57] Como contraste, el estudio de Dios "es una actividad de la mente que busca y se aferra a Dios con intenso deleite".[58] Además, esta actividad debería resultar en la edificación de la iglesia mediante el mantenimiento de la fe y una vida adecuada.[59] Esta comprensión nos ayuda a discernir con más cuidado que la curiosidad descansa en la satisfacción aberrante de llegar a conocer algo sin entender adecuadamente su relación con el Creador o sin que ello resulte en caridad hacia y para la iglesia.[60]

Al ver la similitud y la confluencia de la distracción, el aburrimiento y la curiosidad, Webster añade que esta última "es penetrante" y, lamentablemente, "perjudicial en sus efectos".[61] La curiosidad casi ubicua no se satisface meramente al desarrollar nuevos hábitos o comenzar las mañanas con una rutina de meditación. Así, en contraste con las bienintencionadas prácticas focalizadas, el cultivo de nuevos hábitos en sí mismo no funcionará. Proporcionar orillas

---

54. Webster, "Curiosity", p. 195.
55. Webster, "Curiosity", p. 196 (énfasis en el original).
56. Webster, "Curiosity", p. 198.
57. Tomás de Aquino, *Summa theologiae* II-II, q.167, a.1; citado y traducido en Webster, "Curiosity", p. 198.
58. Webster, "Curiosity", p. 199.
59. Webster, "Curiosity", p. 199.
60. Webster, "Curiosity", p. 199.
61. Webster, "Curiosity", p. 199.

para nuestros caudalosos ríos de curiosidad es algo que se consigue mediante la obra del Espíritu Santo. Vale la pena citar de nuevo la sabiduría de Webster: "La curiosidad disipa el intelecto teológico entregándose a cualquier objeto encantador que capte su atención. El estudio es inteligencia *concentrada*".[62] Los fines de este tipo de concentración son la "adoración de Dios y la edificación de otros".[63] Contrariamente, la curiosidad es "egoísta".[64] Por lo tanto, el estudio tiene mucho que ver con el hábito, pero la habituación no debería tener una influencia indebida de tal modo que la realidad teológica de "Dios... con nosotros" no se pueda alcanzar (cf. Salmos 46:7, 11; Mateo 1:23). Con todo esto en mente, tengo que preguntar: ¿cómo podría aclarar la inteligencia concentrada el acto de leer los Salmos? ¿Cómo podrían los Salmos ordenar la distracción que tenemos? ¿Cómo sostiene el alma la poesía de los Salmos para que el Dios vivo pueda enseñarnos y también ministrarnos?

TEOLOGÍA, ORACIÓN, PRÁCTICA FOCALIZADA

El camino que recorre este libro no es fácil. "Pensar y hablar bien del Dios del evangelio cristiano conlleva la dolorosa tarea de adquirir y practicar ciertos hábitos de mente, corazón y voluntad: 'dolorosa' porque esos hábitos moldean el alma como si se hiciera a contracorriente".[65] Uno de esos hábitos clave, sugiero yo, es leer el libro de los Salmos. Su poesía moldeará nuestra alma para épocas presentes y futuras. De los Salmos aprendemos quién es Dios, cómo tener comunión con Él, cómo anclar en Él nuestra confianza y, algo crucial: cómo adorarlo. Este hábito con los Salmos ciertamente dejará ver grietas y defectos en la práctica de nuestra fe y en nuestro carácter, pero la

---

62. Webster, "Curiosity", p. 201 (énfasis en el original).
63. Webster, "Curiosity", p. 202.
64. Webster, "Curiosity", p. 202.
65. John Webster, "Habits: Cultivating the Theologian's Soul", en *The Culture of Theology*, ed. Ivor J. Davidson y Alden C. McCray (Grand Rapids: Baker Academic, 2019), pp. 131-32.

práctica de estos grandes poemas de oración no tiene la intención de llenarnos de culpa y dejar un reguero de vergüenza. En lugar de ello, su propósito es sacarnos de la necedad y de una vida inundada de curiosidad, y llevarnos a una vida sabia de comunión con Dios.

Al leer los Salmos hoy, deberíamos saber que "el compromiso con Dios significa ser suficientemente impactados, perturbados o inquietados por el evangelio y su confrontación con nosotros, de modo que se nos provoque (aunque no queramos) a aprender a pensar y vivir de otra manera".[66] El libro de los Salmos es un texto para una práctica así. La Sagrada Escritura, tal vez especialmente su poesía, nos conmueve y nos sacude. Los poemas de los Salmos requieren nuestra atención; y aún más, nuestra atención los requiere a ellos. Vivimos la vida con un déficit si no permitimos que los Salmos capturen nuestra imaginación. Es aquí donde los hábitos entran en juego, porque deberíamos ser personas "dedicadas a la tarea de inculcar los hábitos, aprender las virtudes, y así llegar a tener [nuestra]...vida inscrita (por lo general de forma dolorosa) con un cierto 'carácter'".[67] Una vida centrada en el entretenimiento es antitética a una vida de virtud: no podemos suponer que la madurez y la virtud crecerán mientras acudimos a todo tipo de distracciones cómodas y prácticas diarias insensatas. Sin embargo, el camino por delante no es simplemente apretar los dientes e intentarlo con más fuerza. La formación de nuestro carácter viene mediante las Sagrada Escritura y la gracia del Espíritu Santo.

No deberíamos confundir el proceso de desarrollo. "No hay una tecnología del Espíritu, ni moral ni intelectual y ni tan siquiera un desempeño espiritual", que nos sirva como una solución rápida.[68] Lo que hay, generalmente para decepción nuestra, es la *oración*.[69] Como lo dijo el poeta Malcolm Guite: "La oración es la escuela de

---

66. Webster, "Habits", p. 133.
67. Webster, "Habits", p. 136.
68. Webster, "Habits", p. 143.
69. Webster, "Habits", p. 143 (énfasis añadido).

la teología".[70] Será difícil encontrar una manera mejor de llegar a ser adeptos a la oración que practicando las oraciones de la Escritura. En las alegrías y en las pruebas, los salmos nos enseñan a clamar al Dios vivo.

Esta vida de virtud, lectura y atención tiene más que ver con "el asombro que con la curiosidad".[71] El lenguaje de los Salmos captura y obliga a maravillarse. La imaginación desplegada a través del lenguaje poético nos afecta, pero este es, sin embargo, un trabajo lento. De hecho, una "característica clave... es 'una paciente predisposición o deferencia a la enseñanza'".[72] El presente libro es testigo del lento trabajo de los Salmos en el alma. Confío en que a lo largo del libro convenceré al menos a algunos de que el propósito de los Salmos descansa sobre una base de poesía. Esta poesía tiene una manera de llegar a nuestros huesos como ningún otro lenguaje puede hacerlo: deberíamos ver y apreciar la fuerza de su pedagogía.

ESTRUCTURA DEL LIBRO

Para ver el camino que nos espera durante el resto del libro, detallo el contenido de los siguientes capítulos. El capítulo 2 desafía la generalizada estrategia de leer los Salmos como una historia. A menudo, esto se hace para dar la llamada tercera metanarrativa de David e Israel (las otras dos metanarrativas son Samuel-Reyes y Crónicas). Esta visión sesgada de los Salmos en busca de un arco narrativo suele pasar por alto su naturaleza poética, reduciendo la lectura de la poesía a un mero vistazo antes de avanzar hacia la supuesta historia. Este capítulo argumenta que el libro no es principalmente una historia, sino poesía; defiende este argumento en detalle con la sabiduría de Atanasio, quien considera que los Salmos son un libro de dulzura.

---

70. Malcolm Guite, *The Word within the Words* (Minneapolis: Fortress, 2022), p. 44.
71. Webster, "Habits", p. 145.
72. Webster, "Habits", p. 146.

El capítulo 3 resalta la realidad de que los Salmos son poesía y, al mismo tiempo, forman parte del canon cristiano. Ambas cosas son significativas. Es aquí donde el libro comienza a hacer su contribución más reconocible. En lugar de vivir en lecturas canónicas, conexiones temáticas y abstracciones teológicas difusas de los temas bíblicos en los Salmos, este capítulo lucha con la idea de los Salmos como la poesía de la Escritura. La poesía como poesía es una verdad casi olvidada; por lo tanto, este capítulo no parte de la suposición de que todos los que se acercan a los Salmos lo hagan como poesía: en cambio, muestra explícitamente cómo la poesía de la Escritura enseña al lector.

El capítulo 4 lleva al lector al amplio espacio viviente de los Salmos. Diferentes salmos son para diferentes propósitos y etapas. Nosotros, como lectores, somos moldeados por dentro y por fuera por la verdad y la belleza de estos poemas. Este capítulo especifica cómo varios géneros de salmos (por ejemplo, históricos, de lamento y de alabanza) y la naturaleza fundamental de la poesía forman al lector para vivir bien, con plena fe, en todas las circunstancias.

La segunda parte del libro contiene diez capítulos cortos (5-14). Estos capítulos abarcan el Salterio. Cada uno resalta una característica poética específica, como la metáfora, la ambigüedad y la paradoja, e ilustra cómo el poema seleccionado utiliza esa característica para moldear el alma del lector. Los últimos capítulos (12-14) dirigen la atención a lo que hace la poesía de los Salmos que no hace la prosa. Por ejemplo, el capítulo 12 dibuja la adoración del Dios viviente por parte de toda la creación: los seres humanos y las cosas inanimadas como montañas y ríos. En cada esquina, estos capítulos muestran cómo el libro de los Salmos reordena nuestro amor.

Estos capítulos se leen de manera similar a un comentario de los Salmos en miniatura. La diferencia, sin embargo, es que cada lectura se centra de manera directa en la poesía del salmo seleccionado. Así, varios aspectos de la tradición moderna de comentarios no se tratan.⁷³ Además, los comentarios tienden a pasar por alto la característica principal de *Salmos en una era de distracción*; es decir, el papel de la poesía bíblica en la formación del alma. El significado, la importancia y las posibilidades que surgen de la poesía siguen siendo fundamentales en esta sección.

Concluyo con un epílogo. El propósito es dejar al lector con pensamientos para un futuro compromiso con los Salmos. El epílogo ofrece un desafío apropiado, así como un aliento para la llamada lectura devocional de las Escrituras; es decir, el tratamiento silencioso y solitario del texto bíblico. Además, bosqueja e ilustra la necesidad de una mayor lectura pública y oración de los salmos.

Este libro está dirigido al no especialista. Está diseñado para estar en la casa en manos de estudiantes y lectores interesados. Algunas partes del libro abordan el estudio académico actual de los Salmos (por ejemplo, el capítulo 2, a continuación), pero en general, *Salmos en una era de distracción* expone cómo el lenguaje de los Salmos atrapa la imaginación y moldea el alma (capítulos 2–4). Una gran parte del libro (capítulos 5–14) demuestra cómo ciertos salmos nos dan palabras de oración y alabanza. El resto de este libro no pretende ser una introducción a los Salmos ni una preparación a la poesía; por lo tanto, no se tratarán diversos aspectos del estudio de los Salmos.⁷⁴ Más bien, pongo mi dedo en el pulso de los salmos y escucho. Me mantengo enfocado en *lo que pretende hacer el lenguaje de Salmos* y

---

73. Por ejemplo, no proporciono detalles sobre cuestiones de crítica textual, historia de la recepción o crítica canónica.
74. Algunas introducciones clave, manuales y lecturas contextuales son: Rolf A. Jacobson y Karl N. Jacobson, *Invitation to the Psalms: A Reader's Guide for Discovery and Engagement* (Grand Rapids: Baker Academic, 2013); Patrick D. Miller Jr., *Interpreting the Psalms* (Minneapolis: Fortress, 1986); Alastair G. Hunter, *An Introduction to the Psalms*, T&T Clark Approaches to Biblical Studies (Londres: T&T Clark, 2011); Robert Alter, *The Art of Biblical Poetry*, rev. ed. (Nueva York: Basic Books, 2011); Adele Berlin, *The Dynamics of Biblical Parallelism*, rev. ed. (Grand Rapids: Eerdmans, 2008); Stephen B. Reid, *Listening In: A Multicultural Reading of the Psalms* (Nashville: Abingdon, 1997).

cómo los salmos modelan el alma del lector. Antes de escuchar con más detalle la poesía de la Escritura, recordemos estas palabras:

> *Para siempre, oh SEÑOR,*[75]
> *tu palabra está firme en los cielos.*
> *Tu fidelidad permanece por todas las generaciones;*
> *tú estableciste la tierra, y ella permanece.*
>
> (Salmos 119:89-90)

---

75. A lo largo del libro, cuando el nombre divino (Yahvé) se menciona en un texto bíblico, la traducción, ya sea propia o de alguna otra versión (cf. NBLA), es "SEÑOR". Sin embargo, fuera de las citas bíblicas, utilizo "Señor".

2

No una historia

Hoy en día, varias voces importantes dicen que, de algún modo o forma, Salmos es una historia.[76] En el peor de los casos, esta lectura minimiza y anula el rico lenguaje teológico y el propósito que reside en los poemas individuales. Como respuesta, este capítulo demostrará que el libro de los Salmos se debería leer principalmente a la luz de la belleza individual, teología y expresión de cada salmo.[77] Para hacer este argumento, enmarco el capítulo alrededor de los escritos de Atanasio, padre de la Iglesia del siglo IV, específicamente extrayendo de su comprensión del lenguaje y la intención de Salmos. Por encima de todo, defiendo que Salmos es lo que Atanasio llama "un libro de dulzura". Me propongo que saboreemos estas ricas palabras para que nosotros, que conocemos la Palabra, al Cristo, seamos moldeados por la poesía que meditamos y oramos.

---

76. La obra fundamental es G. H. Wilson, *The Editing of the Hebrew Psalter*, SBLDS 76 (Chicago: Scholars Press, 1985). Los recientes estudios se mencionarán a lo largo del capítulo.
77. Véase F. W. Dobbs-Allsopp, *On Biblical Poetry* (Nueva York: Oxford University Press, 2015); Elaine James, *An Invitation to Biblical Poetry*, EBS (Nueva York: Oxford University Press, 2021).

LA EXACTITUD GANADORA DE SALMOS

Salmos, como toda la Santa Escritura, es útil para enseñar.[78] De esta observación general, Atanasio muestra extensamente cómo los salmos son *similares* a otros textos bíblicos, especialmente en el Antiguo Testamento.[79] Por ejemplo, los patriarcas y el éxodo aparecen en el Pentateuco y los Salmos; las profecías encuentran su propósito de manera natural en los libros proféticos y también en el Salterio.[80] Atanasio destaca más temas comunes, como la tierra (Josué y Jueces; cf. Salmos 105), para subrayar la correspondencia generalizada. Relata que tales "cosas se cantan en los Salmos, y se anuncian en cada uno de los demás libros de la Escritura".[81] Sin embargo, esa similitud de contenido sirve como una línea base para que Atanasio después desarrolle cómo Salmos es *distinto*; y por qué.

Atanasio escribe: "El libro de Salmos es como un jardín que contiene cosas de toda clase, y las pone en música, pero también exhibe cosas propias que incluye canto junto con ellas".[82] Con esta frase, obtenemos una sensación de cuál podría ser la diferencia entre Salmos y otros libros bíblicos. Los salmos son textos llenos de imaginación, imágenes y emoción para orar y cantar en todas las etapas de la vida. Esta *diferencia* entre Salmos y otros textos bíblicos demuestra ser al

---

78. Atanasio, *The Life of Antony and the Letter to Marcellinus*, trad. R. C. Gregg, con introducción de Gregg y prefacio de W. A. Clebsch (Nueva York: Paulist Press, 1980), 101. Para más sobre Atanasio y la Escritura en general, véase Thomas F. Torrance, "The Hermeneutics of Athanasius", en *Divine Meaning: Studies in Patristic Hermeneutics* (Edimburgo: T&T Clark, 1995), pp. 229-88
79. Las perspectivas académicas sobre Atanasio han cambiado a lo largo de los años, de positivas a extremadamente negativas, pero actualmente parece haber una perspectiva bastante equilibrada. Véase Hikaru Tanaka, "Athanasius as Interpreter of the Psalms: His Letter to Marcellinus", Pro Ecclesia 21 (2012): pp. 422-47, esp. p. 424.
80. Atanasio, *Letter to Marcellinus*, pp. 101-2.
81. Atanasio, *Letter to Marcellinus*, p. 106.
82. Atanasio, *Letter to Marcellinus*, p. 102; cf. David Willgren, *The Formation of the "Book" of Psalms: Reconsidering the Transmission and Canonization of Psalmody in Light of Material Culture and the Poetics of Anthologies*, FAT 2/88 (Tübingen: Mohr Siebeck, 2016).

menos parte de lo que moldea el alma del lector. Salmos como poesía nos invita a contemplar al Señor Dios de maneras que los textos en prosa no hacen. Estos poemas enseñan a nuestra mente y a nuestra boca a aprender y hablar de Dios correctamente.

Atanasio continúa: Salmos "al poseer los elementos característicos de los cantos, en sí mismo canta esas cosas con una modulación de voz que se han dicho en los otros libros en forma de narrativa detallada, como ya mencioné".[83] Atanasio equilibra el contenido y el propósito aquí; el libro de Salmos, sin duda, no solo canta, sino que también "legisla", "narra" y "profetiza"; sin embargo, estos últimos elementos son mínimos en comparación con la naturaleza poética y melódica de Salmos.[84] Sobre el tema de la Escritura poética, Brian Daley destaca la encarnación de los Salmos:

> De hecho, la preocupación principal de la exégesis cristiana primitiva del Salterio parece haber sido algo diferente de la que animó la interpretación de otros libros de la Biblia. Su objetivo no era simplemente identificar la referencia de un versículo o pasaje en particular, ni encontrar el significado "profético" de un texto para el lector cristiano, sino facilitar la internalización de estas oraciones bíblicas, para que el lector pudiera sentirlas y comprenderlas como obras de poesía divinamente inspiradas, de modo que sus propios pensamientos, emociones, deseos y pasiones pudieran ser purificados y transformados.[85]

La belleza de abrir nuestros propios deseos al Señor a través de la oración se muestra en los Salmos. Estos poemas de la Santa Escritura

---

83. Atanasio, *Letter to Marcellinus*, p. 107.
84. Atanasio, *Letter to Marcellinus*, p. 107.
85. Brian Daley, SJ, "Finding the Right Key: The Aims and Strategies of Early Christian Interpretation of the Psalms", en *Psalms in Community: Jewish and Christian Textual, Liturgical, and Artistic Traditions*, ed. Harold W. Attridge y Margot E. Fassler (Atlanta: SBL Press, 2003), p. 192 (énfasis en el original). El punto que Daley destaca está en marcado contraste con varias lecturas modernas.

dirigen y también corrigen nuestros deseos mediante el Espíritu Santo.

Un estudio reciente de los Salmos consiste, al menos, en ver los Salmos como un libro literario en el que estos han de ser interpretados a la luz de sus salmos vecinos y la colección en la que residen; pero además, de forma crucial, en "una trama [que] que se desarrolla a lo largo del libro".[86] Esto último se despliega al leer la llamada "Metanarrativa del Salterio", la historia de la "supervivencia postexílica".[87] El dilema persistente de ver el Salterio como una historia es: "¿Por qué?". ¿Por qué necesita el Antiguo Testamento *otro* texto extenso que cuente una historia, y más específicamente la *misma* historia? La angustia narrativa de discernir qué significa ser Israel después del exilio, el enfoque en la Torá, la importancia del templo y la adoración: todas estas son características clave de Crónicas. Como tal, una historia narrada por el Salterio aporta poco (o nada) a este tema.[88]

---

86. David M. Howard Jr. y Michael K. Snearly, "Reading the Psalter as a Unified Book: Recent Trends", en *Reading the Psalms Theologically*, ed. David M. Howard Jr. y Andrew J. Schmutzer, Studies in Scripture and Biblical Theology (Bellingham, WA: Lexham Academic, 2023), p. 4. Para un enfoque más matizado, véase Sigrid Eder, "Storytelling in the Psalter? Chances and Limits of a Narrative Psalm Analysis—Shown Exemplarily in Psalm 64", *Old Testament Essays* 32 (2019): pp. 343-57.

87. Nancy L. deClaissé-Walford, "The Meta-Narrative of the Psalter", en *The Oxford Handbook of the Psalms*, ed. William P. Brown (Nueva York: Oxford University Press, 2014), 362–68; deClaissé-Walford, ed., *The Shape and Shaping of the Book of Psalms: The Current State of Scholarship*, AIL 20 (Atlanta: SBL Press, 2014); deClaissé-Walford, *Reading from the Beginning: The Shaping of the Hebrew Psalter* (Macon, GA: Mercer University Press, 1997). Debo mencionar que deClaissé-Walford lee los Salmos con atención cuidadosa a los aspectos literarios, especialmente los poéticos. Véase, por ejemplo, Nancy L. deClaissé-Walford, Rolf A. Jacobson, y Beth LaNeel Tanner, *The Book of Psalms*, NICOT (Grand Rapids: Eerdmans, 2014); deClaissé-Walford, "Psalm 145: All Flesh Will Bless God's Holy Name", *Catholic Biblical Quarterly* 74 (2012): pp. 55-66.

88. Agradezco a Joshua Williams, un estudioso de Crónicas, por la discusión sobre esto. Los argumentos y errores son, sin embargo, míos.

Por supuesto, existe un precedente para una superposición textual y temática. Sin duda, las narrativas de Crónicas y Samuel–Reyes se corresponden en contenido, como en el reinado de David, pero las distinciones centrales entre ellas, su propósito y su estilo, no son difíciles de identificar. Por otro lado, los Salmos como relato tienen poco o ningún matiz *como narrativa* cuando se comparan con estos textos. En este punto, admito, sin embargo, que los Salmos se *pueden* leer como relato; simplemente tengo dudas sobre por qué deberían leerse de esa manera.[89] Incluso aunque la lectura sea razonable, la contribución exegética y teológica parece ser insignificante, en el mejor de los casos.[90] En este punto es instructivo reconocer que para la iglesia primitiva, la interpretación del Salterio "presentó problemas particulares para la interpretación y demandó estrategias concretas; principalmente porque no es un libro con una narrativa o instrucción continua sino una colección de poemas".[91]

Una estrategia para involucrarse en la poesía de Salmos es reconocer que los "salmos son... oraciones modelo" y "están motivadas por la convicción de que la vida humana está claramente definida como

---

89. Esto no menciona la lucha entre los estudiosos que ven los Salmos como una historia, quienes aún no han llegado a un consenso sobre si David es el personaje principal del libro. En los primeros tiempos de esta lectura canónica, los intérpretes veían a David cediendo a una lectura más democrática de sabiduría del libro. Sin embargo, recientemente ha habido argumentos detallados a favor de una lectura davídica de todo el libro. No obstante, encuentro algo cómica la discusión. Al pensar en mis hijos pequeños, enseñándoles cómo leer narrativa y poesía, no puedo imaginar enseñarles a leer los Salmos como una historia unificada con una trama si yo, apoyándome en la experiencia de los más eruditos, no estoy seguro de quiénes son los personajes principales. Sin embargo, no deseo llevar el punto más allá y no usaré la confusión sobre los personajes como evidencia suficiente para descartar los Salmos como historia. Los problemas más robustos con la sustancia de la llamada trama aparecen en el cuerpo de este capítulo (más abajo).
90. Para más estudios sobre la historia de los Salmos, véase David Gundersen, "A Story in the Psalms? Narrative Structure as the 'Seams' of the Psalter's Five Books", en Howard y Schmutzer, *Reading the Psalms Theologically*, esp. 79–81. Algo similar es el intento de matizar, como el de Robert E. Wallace, "The Narrative Effect of Psalms 84–89", *Journal of the Hebrew Scriptures* 11 (2011): pp. 1-15.
91. Daley, "Finding the Right Key", 194 (énfasis original).

una existencia en oración".[92] Estas oraciones, sin tener en cuenta ningún género especializado, se etiquetan como "alabanzas" (*tahilliim* en hebreo), para comunicar que cada salmo "busca contribuir a la alabanza de Dios en un sentido teológico comprensivo".[93] Los salmos, por lo tanto, "ofrecen las palabras".[94]

Sacándonos de la curiosidad y distracción, los salmos nos despiertan mediante "la individualidad de cada salmo".[95] Así, deberíamos dar la bienvenida al "milagro de que los salmos han servido como textos para orar hasta hoy" y, a cambio, nosotros deberíamos humildemente "asombrarnos por los salmos como un regalo único de lenguaje que permite a los seres humanos comunicarse con Dios en todas las situaciones de la vida".[96]

---

92. Hermann Spieckermann, "From the Psalter Back to the Psalms: Observations and Suggestions", *ZAW* 132 (2020): 18. Véase Gianni Barbiero, Marco Pavan, y Johannes Schnocks, eds., *The Formation of the Hebrew Psalter: The Book of Psalms between Ancient Versions, Material Transmission and Canonical Exegesis*, FAT 151 (Tübingen: Mohr Siebeck, 2021), esp. los siguientes capítulos: Marco Pavan, "The Psalter as a Book? A Critical Evaluation of the Recent Research on the Psalter", 11-82; David Willgren Davage, "What Could We Agree On? Outlining Five Fundaments in the Research of the 'Book' of Psalms", pp. 83-118; y William Yarchin, "Why the Future of Canonical Hebrew Psalter Exegesis Includes Abandoning Its Premise", pp. 119-38.
93. Spieckermann, "From the Psalter Back to the Psalms", p. 19.
94. Spieckermann, "From the Psalter Back to the Psalms", p. 19. En su introducción a los Salmos, añade: "La persona que responde al amor de Dios se convierte en alguien que ora" (Der Gottes Liebe erwidernde Mensch wird zum Betende). Psalmen 1–49, ATD Neubearbeitungen 14 (Göttingen: Vandenhoeck & Ruprecht, 2023).
95. Spieckermann, "From the Psalter Back to the Psalms", p. 20. Para trabajos sobre la importancia fundamental de la estética y la poesía profética, véase, por ejemplo, Katie Heffelfinger, "More than Mere Ornamentation", *Proceedings of the Irish Biblical Association* 36–37 (2013–14): 36-54; Heffelfinger, "Persuasion, Poetry and Biblical Prophets", *Proceedings of the Irish Biblical Association* 43–44 (2020–21): pp. 38-53. Sobre la poesía bíblica, véase Elaine James y Sean Burt, "'What Kind of Likeness?': The Aesthetic Impulse in Biblical Poetry", *Prooftexts* 38 (2020): pp. 1-33. Para los Salmos específicamente, véase Elaine James, "The Aesthetics of Biblical Acrostics", *JSOT* 46 (2022): pp. 319-38.
96. Spieckermann, "From the Psalter Back to the Psalms", p. 21.

Eso es exactamente lo que dice Atanasio: los salmos son textos de oración que moldean a los peregrinos que los pronuncian. El lenguaje de Salmos, con todas sus imágenes, matices, apertura, ambigüedad, paradojas y concisión, está destinado a mover al orante (la persona que ora) tanto interna como externamente; cada poema moldea el alma. En nuestro momento moderno de distracción, esta noticia es a la vez buena y perturbadora: buena, porque no se nos deja a nuestra suerte, pero perturbadora porque nuestra vida y nuestros amores, impulsados por el espectáculo, son completamente reconfigurados.

El problema al interpretar Salmos es, sobre todo, la relevancia. ¿Qué programa, el narrativo o el poético, es más significativo? ¿Qué estrategia de lectura se ajusta más al propósito del libro de Salmos en sí? Más importante para nuestro estudio: ¿cuál debe moldear el alma del lector? Mi argumento no es ambiguo: la poesía de Salmos, llena de paradojas, emociones y metáforas para cada estación del alma, es el modo de lectura que moldea el alma.[97] Su dulzura nos atrae para que nuestros deseos puedan ser moldeados por y para el Dios viviente.

UNA CIERTA GRACIA

La gracia impregna toda la Escritura. "Pero, aun así, el Libro de los Salmos tiene una *cierta gracia* propia y una distintiva *exactitud de expresión*".[98] El punto de Atanasio se debe escuchar en la práctica actual de la lectura de los Salmos. Ciertamente, los lectores de Salmos son muy conscientes de que el libro contiene poesía, y sin embargo esta "exactitud de expresión" se puede perder ante una trama confusa.

---

97. En relación con mi punto, Harry Nasuti reflexiona sobre la lectura de los Salmos por Atanasio, quien "ve que los salmos *hacen* algo a la persona que ora, algo que sucede específicamente a través de la agencia de estos textos". *Defining the Sacred Songs: Genre, Tradition, and the Post-Critical Interpretation of the Psalms*, JSOTSup 218 (Sheffield: Sheffield Academic, 1999), pp. 111, 116-17 (énfasis original).

98. Atanasio, *Letter to Marcellinus*, 107 (énfasis añadido).

La atención de Atanasio a la poesía de Salmos demuestra ser un correctivo para la interpretación moderna. Por ejemplo, David Howard y Michael Snearly escriben: "Leer el Salterio de esta forma [como un libro con un mensaje unificado] armoniza su mensaje con el resto del Antiguo Testamento, que regularmente tiene una inclinación a mirar hacia adelante. Los pactos abrahámico, mosaico y davídico señalan todos hacia adelante, al último pacto, al nuevo, introducido por el verdadero 'David': Jesús el Cristo".[99] Es crucial que Atanasio nunca duda de la armonía con el Antiguo Testamento.[100] Howard y Snearly, sin embargo, afirman que "negar el sentido duradero de los pactos del Antiguo Testamento es empobrecer la lectura que uno hace de los Salmos y, sin duda, de la propia vida de fe de cada uno".[101] De nuevo, Atanasio, así como Agustín y Ambrosio, no tendrían mucha dificultad para estar de acuerdo (al menos a nivel general) sobre el significado cristológico de los pactos, especialmente como se estipula en los Salmos.[102] La poesía de Salmos no debe asumir un papel secundario para que Salmos se lea teológicamente.

El modo en que las palabras funcionan en los Salmos habla a la pasión y la sana.[103] Las palabras de estos poemas pueden perder su fuerza si la meta principal es encontrar temas y palabras clave que se repiten a lo largo de una serie o colección de salmos. La esencia del

---

99. Howard y Snearly, "Reading the Psalter", p. 34.
100. Más ampliamente, Brian E. Daley, SJ, reconoce que la "unidad subyacente en el mensaje de la Biblia, definitivamente revelada al cristiano en el evangelio, era generalmente entendida por los intérpretes patrísticos y medievales como productora, no de una uniformidad plana de doctrina, sino de una nueva riqueza y variedad, una especie de fuente inagotable cuyas gotas dispersas reflejan todas el único Misterio de Cristo". "Is Patristic Exegesis Still Usable? Some Reflections on Early Christian Interpretation of the Psalms", en *The Art of Reading Scripture*, editado por Ellen F. Davis y Richard B. Hays (Grand Rapids: Eerdmans, 2003), p. 77.
101. Howard y Snearly, "Reading the Psalter", p. 34.
102. Daley, "Is Patristic Exegesis Still Usable?", p. 74. Sobre Atanasio específicamente, véase Tanaka, "Athanasius as Interpreter", 433; James D. Ernest, *The Bible in Athanasius of Alexandria* (Boston: Brill Academic, 2004).
103. Atanasio, *Letter to Marcellinus*, p. 108.

NO UNA HISTORIA 51

punto de Atanasio sobre los Salmos como oración reside en encontrar "terapia y corrección adecuadas para cada emoción".[104] Él no deja que este argumento continúe, al escribir: "Si el punto debe tener más énfasis, digamos que toda la Santa Escritura es un maestro de virtudes y de las verdades de fe, mientras que el libro de Salmos posee de algún modo la imagen perfecta del curso de la vida de las almas".[105]

Atanasio, afirmando que toda la Escritura inculca, defiende que la anatomía de Salmos es específica y distintiva. Bosqueja cómo alguien puede usar Salmos de manera eficaz en cada etapa del alma. Ya sea que uno necesite oración porque tiene oposición o quiera "celebrar a Dios con cantos", hay un salmo para ambos momentos. Atanasio dedica casi un tercio de su carta detallando ocasiones del alma y salmos que se corresponden. Tal esfuerzo tiene sentido, ya que él entiende que Salmos es precisamente para esto: expresar las emociones de la humanidad.[106] Por lo tanto, alguien puede escoger y leer un salmo o leer todo el libro. No importa cuál sea el caso, el lector experimentará el efecto de espejo de cada salmo porque ese es el propósito de la poesía. Siguiendo el ejemplo de Atanasio, sostengo que leer los salmos como una historia, una metanarrativa o destacando conexiones temáticas adyacentes, aunque sea interesante e iluminador, en realidad es algo secundario en la exégesis de Salmos. Por lo tanto, estoy intentando establecer un punto claro sobre la importancia de Salmos: el salmo individual demanda una atención principal, sin importar cómo se construyan sus contextos adicionales.

Es más, el lenguaje abierto de Salmos anima la participación del lector de maneras que otros textos bíblicos no pueden.[107] Atanasio

---
104. Atanasio, *Letter to Marcellinus*, p. 112.
105. Atanasio, *Letter to Marcellinus*, p. 112.
106. Más específicamente, las emociones se interpretan en relación con la fe en Cristo y la adoración a Dios.
107. Véase, por ejemplo, Patrick D. Miller Jr., "The Theological Significance of Biblical Poetry", en *Language, Theology, and the Bible: Essays in Honour of James Barr*, editado por Samuel E. Balentine y John Barton (Oxford: Clarendon, 1994), pp. 213-30.

escribe: "Entonces las cosas se dicen en secuencia cercana; tales son todos los contenidos de la Ley y los Profetas y las historias, junto con el Nuevo Testamento. Por otro lado, las cosas se expresan más ampliamente; de este tipo son las frases de los salmos, odas y cantos. Pues así se preservará que los hombres amen a Dios con todas sus fuerzas y poder".[108] Si consideráramos los Salmos como análogos a "las historias", perderíamos el lenguaje tanto de las historias como de los Salmos. Sobre la particularidad del Salterio, sin embargo, Brian Daley introduce a Basilio de Cesarea para destacar que "la poesía y música inherentes en Salmos… dan [a los Salmos] su poder distintivo y hacen que su enseñanza —la cual comparten con el resto de la Biblia— sea particularmente accesible.[109] Las palabras de Salmos, con sus metáforas, líneas y cadencia, luchan con el alma. El orden y la sanidad llegan mediante los Salmos, según lo ve Atanasio: "La lectura armoniosa de los Salmos es figura y tipo de esa serenidad tranquila y calmada de nuestros pensamientos… El deseo del alma es este: estar bellamente dispuesta… Así, lo áspero, perturbador y desordenado en ella se suaviza, y lo que causa dolor se sana cuando cantamos los salmos".[110]

Sin embargo, una similitud entre la lectura metanarrativa de los Salmos y Atanasio es la apreciación del libro en su totalidad. Atanasio comenta: "Ahora, hijo mío, es necesario que cada uno de los lectores de ese libro lo lea en su totalidad —porque verdaderamente las cosas en él están divinamente inspiradas— y luego tome provecho de ellas,

---

108. Atanasio, *Letter to Marcellinus*, p. 124.
109. Daley cita a Basilio sobre este punto: "La delicia de la melodía la mezcló [el Espíritu Santo] con las doctrinas, para que mediante el agrado y la suavidad del sonido escuchado pudiéramos recibir, sin percibirlo, el beneficio de las palabras, tal como los médicos sabios que, al dar a los quisquillosos drogas algo amargas para beber, frecuentemente untan la copa con miel". Basilio de Cesarea, "Homilía 10: Sobre el Salmo 1", en *Exegetic Homilies: On the Hexameron and On the Psalms*, traducción de Agnes Clare Way, FC 46 (Washington, DC: Catholic University of America Press, 1963), p. 152; citado en Daley, "Is Patristic Exegesis Still Usable?", pp. 81-82.
110. Atanasio, *Letter to Marcellinus*, p. 125.

como de los frutos de un jardín al que puede echar su mirada cuando surge la necesidad".[111] El conjunto de los Salmos está preparado para que el lector acuda a ellos cuando lo necesite; sin embargo, las *necesidades* (al menos según Atanasio) no se atienden trazando una narrativa que muestre el ascenso y caída de David, o la caída (exilio) y ascenso (retorno) del pueblo. Por importantes que sean estos momentos históricos (cf. Samuel–Reyes; Crónicas–Esdras–Nehemías), simplemente no es lo que los Salmos hacen. Atanasio proclama: "Porque creo que toda la existencia humana, tanto las disposiciones del alma como los movimientos de los pensamientos, han sido medidos y englobados en esas mismas palabras del Salterio".[112] Tal interpretación es, en su conjunto, bastante poco controvertida. La fuerza de las palabras de Atanasio, sin embargo, llega en referencia al propósito de Salmos dentro de la Santa Escritura. Esto tiene todo que ver con lo que esperamos cuando abrimos los salmos.

Las palabras de Salmos son cruciales para la vida de la Iglesia. Atanasio nos guía una vez más:

> No permitas que nadie amplíe las palabras del Salterio con frases persuasivas de lo profano, ni que intente rehacer o cambiar completamente las palabras. Más bien, que recite y cante, sin artificios, las cosas escritas tal como fueron dichas, para que los hombres santos que las entregaron, al reconocer lo que les pertenece, se unan a tu oración, o más aún, para que incluso el Espíritu que habla en los santos, al ver en ellos palabras inspiradas por él, pueda brindarnos ayuda.[113]

Es decir, las palabras de los Salmos se mantienen tal como son, sin abstraerlas. Su propósito es dar forma y contenido a las oraciones de los peregrinos. Esto no significa descartar la reflexión sobre

---

111. Atanasio, *Letter to Marcellinus*, p. 126.
112. Atanasio, *Letter to Marcellinus*, p. 126.
113. Atanasio, *Letter to Marcellinus*, p. 127.

la teología de los Salmos, ya sea bíblica o dogmática. Más bien, Atanasio nos ayuda a diferenciar la reflexión intelectual (incluyendo la abstracción en la narración) del peso propio de los Salmos. Así, Atanasio puede decir: "Recitando incluso ahora las mismas palabras [de los Salmos], que cada persona esté confiada, porque Dios atenderá rápidamente a quienes hacen súplicas a través de estas".[114] Los Salmos son para quienes oran, porque los Salmos son oraciones, sin importar la macroestructura del libro que uno pueda encontrar más adelante. Además, dado su carácter de oraciones poéticas, cualquier análisis más allá del lenguaje y la teología de la oración debe considerarse secundario, si no terciario.

UN LIBRO DE DULZURA

Quiero concluir el capítulo con un resumen de Brian Delay sobre cómo los cristianos premodernos interaccionaban con el libro de Salmos.

> Prácticamente todos los primeros comentaristas de la Escritura cristianos estaban exquisitamente entrenados en las habilidades gramaticales y retóricas de la *paideia* clásica, y se daban cuenta de que la poesía es un uso del lenguaje característico, diseñado para hablar tanto a los sentimientos como a la mente, para "engatusar" o "entretener"... y también para informar. Una manera común de referirse a este efecto en el mundo antiguo era hablar del "deleite" o "dulzura" que el oyente de poesías tenía la intención de recibir, ya fuera como una motivación añadida para memorizar alguna lección intrínseca del poema o simplemente como el propósito final de un poema.[115]

---
114. Atanasio, *Letter to Marcellinus*, p. 127.
115. Daley, "Finding the Right Key", p. 195.

La forma de los Salmos impone exigencias a los lectores. Sugiero que esto implica un regreso al siempre importante arte de leer poesía. Con esto no sugiero simplemente una rápida y general categorización del paralelismo *ad infinitum*, sino una atención cuidadosa al lenguaje de la poesía en toda su plenitud. Daley señala la importancia de prestar atención a las palabras: "La tarea del exégeta cristiano primitivo, entonces, no era claramente solo leer los salmos por su contenido como instrucciones morales o profecías, o como testigos de la larga narrativa divina que culminaría en la historia de Cristo y la iglesia, sino también leerlos como poemas, y eso significaba usar todas las herramientas analíticas y los principios teóricos que la crítica literaria antigua... había desarrollado para interpretar y juzgar el verso secular".[116] Atanasio reconoce que escuchar los salmos produce un grado de entendimiento que ya está presente en Samuel–Reyes, Crónicas, Isaías, y así sucesivamente. Sin embargo, "el Salterio cultiva las emociones".[117]

Este capítulo ha saboreado la verdad de que Salmos es un libro de dulzura. La poesía gotea miel y nos ayuda a saborear las buenas palabras del Dios que es bueno.[118] La monotonía e hiperactividad que vienen con el aburrimiento y la distracción amargan la boca de la peor manera posible. Los hábitos de la curiosidad pueden hacer que se nos olvide el sabor de la poesía de la Escritura, pero una vez que probamos

---

116. Daley, "Finding the Right Key", p. 196.
117. Atanasio, *Letter to Marcellinus*, 145n25. Paul Koblet resume a Atanasio sobre los Salmos: "El lenguaje del Salterio 'contrarresta progresivamente la inestabilidad de la identidad personal' con la estabilidad de un texto escrito que se convierte en una segunda naturaleza cuando está escrito en el alma" ("Athanasius, the Psalms, and the Reformation of the Self", *Harvard Theological Review* 99 [2006]: p. 101, citando a Geoffrey Harpham, *Ascetic Imperative in Culture and Criticism* [Chicago: University of Chicago Press, 1987], p. 41). Según Hikaru Tanaka: "Es notable que la lectura de Atanasio de los Salmos esté gobernada por connotaciones trinitarias y no por ninguna metodología técnica repetitiva para intentar obtener un significado más profundo de los Salmos". "Athanasius as Interpreter", p. 446.
118. Ver además Christopher R. J. Holmes, *The Lord Is Good: Seeking the God of the Psalter*, Studies in Christian Doctrine and Scripture (Downers Grove, IL: IVP Academic, 2018).

(de nuevo) las palabras, nuestros hábitos comienzan a formarse para que seamos moldeados por la Escritura poética para orar y alabar.[119]

---

119. Al momento de escribir estas palabras, Brent Strawn también estaba haciendo observaciones y críticas similares. Según él, leer "los salmos como poesía, no como historias, está... en última instancia al servicio de una mejor comprensión y apreciación de... cómo impactan como un rayo del cielo, directamente en el corazón de los fieles". Strawn, "Too Tall a Tale, Or: Do the Psalms Really Tell 'Stories'?" *Word & World* 43 (2023): p. 332. Gracias a Brent por llamarme la atención sobre este artículo.

3

Escritura poética

Toda Escritura es inspirada por Dios y útil para enseñar, para reprender, para corregir, para instruir en justicia (2 Timoteo 3:16). Este familiar texto nos recuerda la fuente y el beneficio de la Escritura; el siguiente versículo expone el propósito de la Escritura, que el hombre de Dios: *Sea perfecto, equipado para toda buena obra* (3:17). En la práctica, los lectores pueden tomar este pasaje y entonces dirigir su atención a los imperativos en las cartas de Pablo, ya sea en Efesios o Filipenses, con alguna consideración dispersa de los Evangelios, especialmente Mateo 5–7. El pensamiento es directivo: escucha los mandamientos de Pablo como "Permanezcan firmes en la fe" (1 Corintios 16:13) o "En esto mediten" (Filipenses 4:8); "Estos son tus mandamientos" (cf. 1 Tesalonicenses 4:2); "Ahora ve y hazlos" (cf. 1 Corintios 11:17).[120]

---

[120]. Al leer un libro reciente y popular sobre la santificación cristiana, noté que el autor intentaba aclarar lo que *la Biblia* enseña sobre la pureza. Su evidencia de lo que *la Biblia* dice es la siguiente: "Sean puros e irreprensibles" (Filipenses 1:10), "Guárdate libre de pecado" (1 Timoteo 5:22), y "Sean prudentes, puras" (Tito 2:5). En otras palabras, el autor apela ante todo a los imperativos paulinos para detallar lo que la Biblia dice sobre la pureza. Véase Dane C. Ortlund, *Deeper: Real Change for Real Sinners* (Wheaton: Crossway, 2021), p. 113.

Los lectores e incluso las congregaciones pueden dirigirse hacia los textos del tipo "hacer": aquellos que permiten una aplicación más directa en la vida de la Iglesia. Aunque parecería que este destacado pasaje de 2 Timoteo sirve como garantía para dicha interpretación, un enfoque casi exclusivo en los textos del Nuevo Testamento, particularmente los que se enfocan en mandatos, produce serios problemas.

En primer lugar, en 2 Timoteo 3, "Escritura" para los lectores de Pablo sería principalmente lo que nosotros llamamos el Antiguo Testamento; por lo tanto, aunque podríamos tomar el pasaje como un estímulo para continuar leyendo las cartas de Pablo excluyendo el Antiguo Testamento, el peso real del texto nos impulsa a ir directamente al Antiguo Testamento. En segundo lugar, una práctica común de centrarse en textos bíblicos que tienen mandatos claros y hasta frecuentes no es necesariamente lo que 2 Timoteo 3 está apuntando. La evidencia de esto proviene de una rápida mirada a las cartas de Pablo que citan, aluden y se hacen eco de diversos textos del Antiguo Testamento sin contener mandatos explícitos. Así, la Escritura no necesita tener mandatos explícitos para enseñar, reprobar, corregir o entrenar en justicia, un punto obvio aunque poco apreciado.

Esto nos conduce al libro de Salmos. Primero, este libro ciertamente encaja dentro del alcance de "toda Escritura"; por lo tanto, cuando lo leemos, estamos leyendo la Sagrada Escritura "inspirada por Dios". Además, al leer, deberíamos esperar "enseñanza, ... reprensión, ... corrección e ... instrucción en justicia". En segundo lugar, aunque encontraremos mandatos a lo largo del libro de los Salmos, la mayoría de las veces las directivas provienen *de* humanos *hacia* Dios o *del* salmista ya sea *hacia* sus enemigos o *hacia* la congregación. No veremos con frecuencia a Dios dando mandatos explícitos; por lo tanto, si estos poemas van a enseñarnos, con frecuencia necesitarán hacerlo sin recurrir a imperativos directos.

En este capítulo nos maravillamos de la realidad de que los Salmos son *Escritura poética*. Ambas palabras importan. Ya he insinuado más que suficiente que los salmos son de Dios y están destinados a enseñar: delinearé los detalles de tales verdades a lo largo del capítulo. Además, dedicaré tiempo y atención a la forma y naturaleza de los Salmos, especialmente a la relación entre poesía y Escritura. En otras palabras, quiero trabajar la realidad de que los Salmos enseñan, reprenden, corrigen e instruyen de manera *diferente* a como lo hacen la narrativa del Antiguo Testamento o una parábola en los Evangelios (cf. cap. 2 arriba). Estos salmos, como ya se ha dicho muchas veces, son poemas. Este capítulo se ocupa de cómo esa verdad bastante obvia tiene consecuencias.

TEXTOS ABIERTOS

La poesía es difícil de descifrar, lo entiendo, pero lo que nos incita a pensar que la poesía moderna en nuestro idioma es difícil no es necesariamente aplicable a Salmos. A veces los poetas hoy día disfrutan de las capas excesivamente complicadas de código lingüístico. Para algunos, parece que el sentido de escribir ese tipo de poesía está en conseguir que un lector responda diciendo: "Vaya, este poeta es un genio... no entendí nada". De nuevo, no es el caso de los Salmos.

Sin embargo, no quiero decir con esto que la poesía de los Salmos se entiende rápidamente. Esta poesía no es ninguna comida de paso que se adquiere con rapidez y se consume igual de rápido. Salmos es una comida completa, concienzudamente preparada, para saborearse. En este capítulo regreso a lo que surgió a menudo en el capítulo 2: los salmos nos impulsan al asombro y la oración. La poesía de Salmos es abierta. Con ello no quiero decir que cualquier lector pueda (en verdad) tomar un salmo y hacer que signifique lo que el lector quiera, pero la poesía como un lenguaje abierto conlleva que el lector sea una parte intencional del proceso, tanto al leer como al orar.

Pongamos, por ejemplo, los muchos salmos que no mencionan quiénes son los enemigos (cf. Salmos 13). No deberíamos pensar que al salmista se le olvidó ser específico: la falta de especificidad en poesía da lugar a la oportunidad.[121] Los lectores pueden tomarla, leerla y orar. Podemos verlo y decir: "Sí, esto se parece a mi vida también", aunque, a decir verdad, la palabra clave aquí es "parece": la similitud no implica igualdad.[122]

La apertura tiene un horizonte amplio. Algunos, o incluso muchos lectores, se apresurarían a tomar un puñado de salmos para la oración. Otros salmos, sin embargo, parecen bastante distantes, demasiado raros, incluso demasiado duros. Los más notables serían los llamados salmos de venganza (por ej., Salmos 137).[123] Sin embargo, es suficiente destacar que, si la naturaleza literaria de Salmos es poesía, y su poesía es intencionalmente equívoca en ciertos detalles (ambas cosas son ciertas), entonces el lector ideal, el que tiene fe en el único Dios, tiene que orar y cantar con el "yo" y con el

---

121. Véase especialmente Patrick D. Miller Jr., "The Theological Significance of Biblical Poetry", en *Language, Theology, and the Bible: Essays in Honour of James Barr*, eds. Samuel E. Balentine y John Barton (Oxford: Clarendon, 1994), pp. 213-30.

122. Sobre las lecturas cristianas de los Salmos, véase R. W. L. Moberly, *The God of the Old Testament: Encountering the Divine in Christian Scripture* (Grand Rapids: Baker Academic, 2020), pp. 93-124.

123. Este no es el lugar para presentar todos mis pensamientos sobre este tipo de salmo; muchos teólogos y exégetas destacados han luchado con estas ideas y textos. El propósito del presente libro no es cubrir todos los aspectos de los Salmos (como lo haría una introducción a los Salmos o, ciertamente, un comentario); en cambio, mis ojos están fijos en el trabajo estructural de la poesía de los Salmos. Parte del trabajo más cuidadoso y teológico sobre estos salmos ha sido realizado por Frank Lothar Hossfeld y Erich Zenger: para los lectores de inglés, véase su *Psalms 2: A Commentary on Psalms 51-100*, traducido por Linda M. Maloney, Hermeneia (Minneapolis: Fortress, 2005); y *Psalms 3: A Commentary on Psalms 101–150*, traducido por Linda M. Maloney, Hermeneia (Minneapolis: Fortress, 2011). Véase también Stephen B. Reid, "Zion as Problem and Promise: Psalm 137", en *"Wer lässt uns Gutes sehen?" (Ps 4,7): Internationale Studien zu Klagen in den Psalmen; Zum Gedenken an Frank-Lothar Hossfeld*, ed. Johannes Schnocks, Herders biblische Studien (Viena: Herder, 2016), 360–76; Rodney S. Sadler Jr., "Singing a Subversive Song: Psalm 137 and 'Colored Pompey'", en *The Oxford Handbook of the Psalms*, ed. William P. Brown (Nueva York: Oxford University Press, 2014), 447–58; Brent A. Strawn, "The Art of Poetry in Psalm 137: Movement, Reticence, Cursing", en *The Incomparable God: Readings in Biblical Theology*, ed. Collin Cornell y M. Justin Walker (Grand Rapids: Eerdmans, 2023).

"nosotros".[124] Es destacable que esto sucede con todos los salmos, no solo con algunos de los más queridos como el Salmo 23.[125] Por lo tanto, cualquiera que sea la perspectiva de la venganza en los Salmos, deberíamos reconocer que estos salmos, junto a todo el Salterio, evidencian la colocación de la confianza y la autoridad en las manos del Dios vivo, *no en los propios salmistas*.

La apertura de la poesía de Salmos permite que el lector entre por la puerta del poema y se sienta en casa. Por supuesto, esto no elimina la distancia de la cultura, el lenguaje y el tiempo, pero según cualquier criterio, los Salmos no enfatizan esta distancia: su lenguaje reduce la brecha. Al hacerlo, el mismo libro, mediante el Espíritu Santo, está listo para obrar en sus lectores. Ya sea instruyendo para una etapa aún no vivida, exhortando en el error actual, o animando en el punto de la vida más bajo, la poesía nos invita a leer, orar y cantar. A continuación, hay algunos ejemplos de cómo los salmos como textos abiertos proporcionan la oportunidad de que se produzcan la enseñanza y la corrección.

El Salmo 9 comienza con una declaración del salmista de agradecimiento y alabanza (v. 1). El poema enseguida dirige la atención a los enemigos del salmista. Estos tipos sin nombre "tropiezan y perecen" (vv. 3, 5, 6), pero el versículo 7 entra en una descripción teológica: *Pero el Señor permanece para siempre; ha establecido su trono para juicio.* Cuando los lectores modernos recitan estas palabras, podemos aprender que los enemigos no son el final y que el Señor sin duda es Rey. Estos poemas no son simplemente reflexiones antiguas que producen curiosidad: son palabras de oración y alabanza que nos enseñan hoy.

---

124. Como se indicó anteriormente, mi propósito en este libro no es exponer todas las formas correctas y adecuadas en que los cristianos hoy pueden y deberían interpretar los Salmos. Por ejemplo, no discutiré en detalle la significativa interpretación cristológica de Agustín. En un proyecto futuro, espero reunir la robusta interpretación teológica de los Salmos y sus características poéticas; sin embargo, por ahora, me concentro en estas últimas.

125. Sobre esto, véase Richard S. Briggs, *The Lord Is My Shepherd: Psalm 23 for the Life of the Church*, Touchstone Texts (Grand Rapids: Baker Academic, 2021); John Poch, *God's Poems: The Beauty of Poetry and the Christian Imagination* (South Bend, IN: St. Augustine's Press, 2022), pp. 59-67.

Y lo que es más, podemos sentirnos identificados cuando el salmista habla a la congregación. *Canten alabanzas al Señor, que mora en Sión; proclamen entre los pueblos sus proezas* (v. 11). Así, podemos aprender al caminar en los zapatos del salmista, pero también podemos dejar que nuestro corazón sea dirigido al recibir las palabras como la congregación. La apertura del poema ofrece oportunidades para ser entrenado en justicia de varias maneras.

El Salmo 17 despliega ante el lector el llamado a la vindicación. El salmista expone su caso ante Dios, pero los detalles nunca salen a la superficie. Quizás el salmista está siendo difamado (*Hablan arrogantemente con su boca*, v. 10), pero la causa no está del todo clara; sugiero que eso es intencional. El propósito, como yo lo veo, no es hacer que los detalles sean un misterio, sino incitar a los lectores a participar y orar *junto* al salmista. El poema nos enseña que podemos clamar a Dios para que nos vindique en varias situaciones, porque el Salmo 17 nos anima diciendo que Dios escucha. Debido a la falta de especificidad del poema, los lectores modernos son menos propensos a distanciarse del texto.

Incluso cuando un salmo está situado históricamente, hay momentos en los que la poesía traspasa el horizonte de la historia y espera a que los peregrinos se acerquen y oren. El Salmo 79 es un ejemplo de ello. La destrucción del templo es el conflicto claro:

> *Oh Dios, las naciones han invadido Tu heredad;*
>   *Han profanado Tu santo templo;*
>   *Han dejado a Jerusalén en ruinas* (v. 1)

Este evento, monumental y transformador para la nación como tal, no tiene un referente directo en la vida del lector actual; sin embargo la importancia de este poema no radica en presentar unos hechos históricos para que las personas los conozcan y tal vez los memoricen. La angustia, la confusión y la aflicción, todo ello con peso histórico, nos enseñan más que los hechos de la historia. Podemos captar las emociones expuestas por el salmista y después decir junto a él:

Ayúdanos, oh Dios de nuestra salvación,
Por la gloria de tu nombre;
Líbranos y perdona nuestros pecados por amor de Tu nombre.

(v. 9)

La apertura existe entre los detalles históricos; esta lucidez ilumina la mente del creyente para clamar a Dios en los momentos más difíciles y urgentes. Estas palabras poéticas no están destinadas a ser examinadas a través de un cristal de museo; más bien, permanecen a disposición de los peregrinos para su oración

METÁFORA

Por encima de todo, deberíamos leer la poesía bíblica *lentamente*.[126] Se puede (y se debería) hacer una lectura tranquila, ya sea que leamos en hebreo o español. Esta sugerencia de lentitud, por supuesto, tiene mucho que ver con las metáforas. Tan solo piensa en la forma de la metáfora misma, el cuadro mental. Es algo que está a nuestro alcance intelectualmente hablando, pero a menudo exige una larga reflexión. ¡Qué herramienta tan maravillosa usa Dios para ayudarnos a obtener entendimiento, para darnos la oportunidad de considerar, meditar y leer pacientemente![127] Por lo general, pasamos rápido por encima de las metáforas, demasiado rápido, listos para pasar a la siguiente línea; pero estas imágenes, algunas bastante difíciles, deberían ayudarnos a pisar el freno: *Frena... Haz una pausa... Piensa.*

Así se forma la paciencia: es parte del proceso de leer la poesía de los Salmos. Pero entregarnos a la forma y el contenido de la Escritura es un deber, pues de lo contrario seguiremos haciendo un instrumento de ella, tal vez incluso un instrumento religioso como si se tratara

---

126. Para saber más sobre la importancia de leer la poesía de los Salmos en hebreo, véase mi artículo "Forming the Imagination: Reading the Psalms with Poets", *Scottish Journal of Theology* 75 (2022): pp. 329-46.
127. Véase también Agustín, *De doctrina Christiana*, traducido por Edmund Hill (Hyde Park, NY: New City, 2007).

de una lista de puntos de quehaceres morales. Al leer el lenguaje de los Salmos, no perdamos de vista la naturaleza pedagógica del texto bíblico, con sus muchas facetas fascinantes. Las metáforas de un ciervo, un ave, un perro, una ciudad amurallada, una madre, un padre, un banquete, un campo y mucho más: todo ello nos enseña cuando vemos similitudes y diferencias en la figura y el referente. Como tales, los salmos nos ayudan a ser menos instantáneos y más pacientes.

El Salmo 23, por ejemplo, inicia con una metáfora que muchos conocen: *El Señor es mi pastor* (v. 1). Ciertamente, el marco inicial de la metáfora introduce el mundo agrícola y de la naturaleza. El salmista se imagina como una oveja. El significado de la metáfora del pastoreo fácilmente podría ser el cuidado y la protección, como así confirman varias líneas del salmo: "pastos", "aguas de reposo" y "senderos de justicia" son cosas que dependen del cuidado del pastor. Sin embargo, "pastor" es una metáfora multifacética en el Antiguo Testamento. En Jeremías 23 la palabra del Señor viene contra "los pastores que destruyen y dispersan las ovejas" (v. 1). Como respuesta, el Señor pondrá sobre ellas "pastores que las apacentarán, y nunca más tendrán temor" (v. 4). Más específicamente, el Señor dice: *Levantaré a David un Renuevo justo; y Él reinará como rey, actuará sabiamente, y practicará el derecho y la justicia en la tierra* (v. 5). Este pasaje profético nos permite ver con más claridad que pastorear tiene un significado real en la Escritura; por lo tanto, es razonable sugerir que el Salmo 23 tiene un marco que habla de realeza: decir "El Señor es mi pastor" sería entonces algo parecido a decir: "El Señor es mi rey".[128] Tal reconocimiento viene al leer la Escritura con la Escritura, y hacerlo *lentamente*.[129] Estos marcos figurativos pretenden enseñarnos, pero debemos dedicar

---

128. Véase Beth Tanner, "King Yahweh as the Good Shepherd: Taking Another Look at the Image of God in Psalm 23", en *David and Zion: Biblical Studies in Honor of J. J. M. Roberts*, ed. Bernard F. Batto y Kathryn L. Roberts (Winona Lake, IN: Eisenbrauns, 2004), pp. 267-84.
129. Véase también Ndikho Mtshiselwa, "Context and Context Meet! A Dialogue between the Sitz im Leben of Psalm 23 and the South African Setting", *Old Testament Essays* 28 (2015): pp. 704-23.

tiempo, atención y cuidado para permitirnos a nosotros mismos ser enseñados.

PARADOJA

Que el libro de Salmos sea poético significa que la paradoja está a la mano.[130] La paradoja a menudo conlleva contradicción: los poetas a lo largo de las épocas se han inclinado a jugar con las incongruencias en el lenguaje y también en el mundo, pero eso no es exactamente lo que hace Salmos. En Salmos, como en la Escritura en general, la paradoja es un elemento clave, manteniendo una "aparente contradicción que finalmente es coherente".[131] Por ejemplo: "Que Jesús sea a la vez Dios y hombre parece contradictorio, pero al final no lo es".[132] Hay una paradoja, pero resiste la contradicción superficial. En términos de género literario, la paradoja puede aparecer en cualquier lugar, pero todo ello es parte de la cultura de la poesía. A fin de entender este elemento de la poesía de los salmos, destaco a continuación unos cuantos poemas.

El conocido Salmo 46 gira en torno a la paradoja a lo largo de su poesía. Guerra, paz y silencio impregnan el poema. Por ejemplo: *Bramaron las naciones, se tambalearon los reinos; dio Él su voz, y la tierra se derritió* (v. 6). Sin embargo, para Israel: *El Señor de los ejércitos está con nosotros; nuestro baluarte es el Dios de Jacob* (v. 7). Además, el Señor: *Hace cesar las guerras hasta los confines de la tierra; quiebra el arco, parte la lanza* (v. 9). Este poema se asienta en la paradoja de la protección divina: *Estén quietos, y sepan que Yo soy Dios* (v. 10). El camino hacia la paz, según el Salmo 46, no es ni la negociación

---

130. Como bien señalan Bobby Jamieson y Tyler Wittman, "Es parte de la exactitud de la Escritura estar llena de paradojas, especialmente en torno al Hijo encarnado de Dios, quien es la paradoja de las paradojas". *Biblical Reasoning: Christological and Trinitarian Rules for Exegesis* (Grand Rapids: Baker Academic, 2022), p. 127.
131. Jamieson y Wittman, *Biblical Reasoning*, p. 138.
132. Jamieson y Wittman, *Biblical Reasoning*, p. 138. Para una reflexión poética sobre este tema, véase Malcolm Guite, *Parable and Paradox: Sonnets on the Sayings of Jesus and Other Poems* (Norwich: Canterbury, 2016).

política ni la lucha, sino más bien el reconocimiento y el descanso en quien Dios es. La paradoja del salmo puede corregir al creyente que considera el esfuerzo humano como el mayor valor en la vida. Quedan lecciones para el lector que repite este poema, ya que Dios ciertamente gobierna a Israel, las naciones y, de hecho, todo el mundo.

El Salmo 123 reúne el desprecio y la mansedumbre de una manera que podría parecer contradictoria. La congregación sigue la lógica de los siervos hacia su señor, y entonces dice: *Así nuestros ojos miran al Señor nuestro Dios hasta que se apiade de nosotros* (v. 2). A partir de ahí, hacen un llamado sencillo: *Ten piedad de nosotros, oh Señor, ten piedad de nosotros, porque ya no soportamos el desprecio* (v. 3). Esto es al menos parcialmente paradójico: si hubieran sufrido el desprecio del Señor de manera significativa, una voz firme de deferencia y docilidad *no* sería lo normal; sin embargo, eso es exactamente lo que la comunidad practica en este salmo. Las palabras del salmo connotan servidumbre. Por lo tanto, este poema nos enseña que estar en medio de la confusión no es definitivo para la expresión de la fe. Este salmo en particular nos entrena en justicia al mostrarnos la verdadera naturaleza de los siervos y su amo.

El Salmo 127 enfatiza la paradoja del trabajo y el esfuerzo. Esta premisa, que ciertamente tenía relevancia en el mundo antiguo, no podría ser más significativa para el lector moderno (occidental). Algunas personas "trabajan", "velan" y "se levantan de madrugada", dice el salmo. Parece que estas palabras podrían venir de los promotores de las distracciones modernas, especialmente si ajustáramos ligeramente las palabras a "trabaja más duro", "esfuérzate", "haz una cosa más" y similares. Pero estas palabras se conectan con la naturaleza humana, no simplemente con un momento cultural. Lo importante es que estas acciones no son necesariamente condenadas; el salmista simplemente las coloca en su lugar adecuado. "Si el Señor no edificare la casa... si el Señor no guarda la ciudad... en vano es todo" (vv. 1-2). El afán moderno por lograr algo mejor, más grande, más nuevo, más productivo y más eficiente se enfrenta de cara con la realidad divina.

Este salmo nos enseña que el esfuerzo puro no es más que necedad. La cultura actual del trabajo, en general, es inútil.

El poema siguiente, el Salmo 128, reúne dos conceptos aparentemente contradictorios, al menos según dirían muchos modernos. El contraste más marcado se siente en la traducción NTV: *¡Qué feliz es el que teme al Señor!* (v. 1).[133] Ciertamente, podríamos profundizar en el significado e implicaciones de "feliz" y "temor", pero no debe pasarse por alto la secuencia de las palabras.[134] El impulso actual por la comodidad de las criaturas (cf. cap. 1) lucha por dar sentido a esta línea introductoria del poema; sin embargo, el *feliz*, aquel cuyos pies están firmes y seguros, es el que *"teme* al Señor". La comodidad, según la cultura moderna, no es el camino hacia una vida plena; el temor del Señor lo es.[135]

En definitiva, la paradoja de la Escritura poética nos ayuda a mantener la tensión entre las verdades. Reconocemos que la armonía de la Escritura puede parecer a veces disonante, pero la poesía acerca más nuestros oídos a la música. Mediante tal atención, contemplamos la magistral complejidad e intención del arte de Dios.

LENGUAJE CONCISO

La naturaleza compacta y truncada de la poesía deja posibilidades abiertas para la lectura. Hay brechas intencionales con las que el lector debe lidiar, como en el conocido inicio del Salmo 23: *El Señor es mi pastor; nada me faltará* (v. 1). La frase B: "Nada me faltará", descansa sobre la frase A: como A es cierta, el salmista no carecerá de nada. Es un relato conciso y resumido de la bondad y el cuidado de Dios, pero el lector debe conectar los pensamientos. Palabras como "para que" y "por lo tanto" solo aparecen ocasionalmente en los Salmos. Este libro de poesía nos enseña, en parte, acercándonos más a las palabras.

---

133. La NBLA lee el contraste con un poco más de sutileza para el oído moderno: "Bienaventurado todo aquel que teme al Señor".
134. Sobre el Salmo 1, véase el capítulo 5.
135. No se pretende aquí buscar activamente incomodidad. La nota es sobre la estabilidad a través del temor del Señor.

Necesitamos prestar atención a las líneas y al espacio entre ellas, reflexionando sobre el significado, las implicaciones y la teología.

Una necesidad similar de llenar el vacío ocurre en el Salmo 31: *En Ti, oh Señor, me refugio; jamás sea yo avergonzado* (v. 1). En este breve versículo reposan expectativa y teología. El salmista tiene una visión de Dios como seguridad. La vergüenza, que el salmista no desea experimentar, es un tema profundamente teológico en la Escritura (cf. Génesis 2:24-25). Al buscar refugio en el Señor, el poeta anticipa seguridad; de lo contrario, habría buscado ayuda en otro lugar. Estas dos frases breves que inician el salmo pueden leerse rápidamente, incluso de forma apresurada. La poesía de los Salmos nos enseña que las riquezas se encuentran en la meditación, particularmente al unir la teología de dos líneas compactas.

Con frecuencia, la segunda frase en la poesía de los Salmos aporta claridad, especificidad, o un sentido concreto a lo que de otro modo sería metafórico. En Salmos 39:12, por ejemplo, cada frase aumenta en especificidad e intensidad:

Escucha mi oración, oh Señor,
y presta oído a mi clamor;
no guardes silencio ante mis lágrimas;
porque extranjero soy junto a Ti,
peregrino, como todos mis padres.

El versículo comienza simplemente con "oración". Una palabra lo suficientemente descriptiva, pero que carece de detalles. Una oración podría expresarse de diversas maneras: con urgencia, con reflexión, con enojo o con angustia; por lo tanto, el paso a la siguiente frase ("mi clamor") nos acerca a la realidad interior del salmista. La oración es un "clamor" en lugar de una recitación solemne y monótona.

La primera frase del Salmo 47 sigue un patrón similar. Es razonablemente clara con las palabras iniciales: *Batan palmas, pueblos todos* (v. 1); sin embargo, el marco de referencia es bastante amplio.

Preguntas como: ¿por qué deberían batir las manos? requieren especificidad. Esa claridad se alcanza en la frase B: *Aclamen a Dios con voz de júbilo* (v. 1). Por lo tanto, el batir de manos y las aclamaciones tienen una dirección divina. Reflexionar en la relación entre estas dos frases no produce giros ni sorpresas, pero la práctica de la contemplación nos prepara para detalles más sustanciales.

Tomemos, por ejemplo, el versículo 8 del mismo salmo: *Dios reina sobre las naciones; sentado está Dios en Su santo trono*. La simetría entre las dos frases es fácil de reconocer; sin embargo, la frase B resalta características teológicas que no deben pasarse por alto. La primera línea describe lo *que* Dios hace y *dónde* lo hace. El alcance de su reino son las naciones, aquellas que están más allá de las fronteras de la tierra otorgada a Israel. La frase B ofrece una perspectiva cualitativa del reinado de Dios: Él se sienta en "Su *santo* trono". A partir de este versículo, comenzamos a explorar las similitudes y diferencias entre la realeza divina y la humana, especialmente al comparar el gobierno de Dios con el de los reyes humanos de las naciones circundantes. El reinado de Dios es santo.

El Salmo 56 contiene la frase memorable: *¿Qué pueden hacerme unos simples mortales?* (v. 4, NTV). Esta frase concluye una línea de frases breves y actúa como un *crescendo*. El movimiento que lleva a ella es digno de mención. El salmista primero dice: "En Dios, cuya palabra alabo". La atención del poeta pasa de la palabra de Dios al propio Dios en la frase siguiente: "En Dios he confiado"; esta confianza se detalla con la frase siguiente: "No temeré". La lógica aquí no es explícita. Se nos invita a conectar las líneas: el salmista pone su confianza en Dios; *por lo tanto*, no tendrá miedo. Sin embargo, la contundencia de la yuxtaposición ayuda a instruir. En lugar de presentar movimientos lógicos obvios, la poesía se mantiene concisa y ajustada, animando al lector a reflexionar en cómo se relacionan las palabras. Este estilo poético recuerda la observación de Susan Gillingham: "Tal vez aprender el arte de leer poesía bíblica sea solo un precursor para aprender el arte de 'hacer' teología en general".[136] En el Salmo 56 la poesía construye su mensaje hasta llegar a la última frase: "¿Qué puede hacerme el hombre?". Esta frase final nos lleva de regreso a "confianza... en Dios"; al hacerlo, captamos una visión de la imaginación teológica del salmista. Si descansa en la protección de Dios, la autoridad y la fuerza de la humanidad carnal palidecen en comparación. La fuerza de esta reflexión teológica viene vestida en forma de poesía de oración.

El Salmo 67 busca claridad y amplitud de maneras abundantes y refrescantes en sus versículos iniciales:

Dios tenga piedad de nosotros
  y nos bendiga,
y haga resplandecer su rostro sobre nosotros,
  para que sea conocido en la tierra Tu camino,
  entre todas las naciones Tu salvación.
Te den gracias los pueblos, oh Dios,
  todos los pueblos te den gracias. (vv. 1-3)

Este salmo se mueve de lo general a lo específico, y viceversa. La petición de bendición gira en torno a la salvación y la alabanza tanto en Israel como en las naciones circundantes. Las repercusiones de las bendiciones se sienten mucho más allá de las fronteras de Israel; la acumulación de estas líneas poéticas ayuda a revelar esta verdad teológica.

Otra yuxtaposición esclarecedora se encuentra en el primer versículo del Salmo 74: *Oh Dios, ¿por qué nos has rechazado para siempre? ¿Por qué se enciende tu ira contra las ovejas de tu prado?* (v. 1). Esta relación compleja y completa entre las frases nos lleva a considerar a Dios como alguien que ha rechazado a Israel. La relación se establece explícitamente en la frase B a través de la metáfora: Israel es el rebaño, y el Señor es su pastor. A diferencia del Salmo 23, aquí la comunidad

---

136. Susan Gillingham, *The Poems and Psalms of the Hebrew Bible*, Oxford Bible Series (Oxford: Oxford University Press, 1994), p. 278.

critica la abdicación del Señor como pastor, pero lo hace de una manera que podría despertar compasión. Al describirse como ovejas sin pastor, subrayan su vulnerabilidad. Este bosquejo de la situación prepara el terreno para la súplica en el versículo siguiente: *Acuérdate de Tu congregación* (v. 2).

Las frases en los Salmos son significativas para construir significado y tensión. A menudo el lector deja la primera frase con una intuición, lo cual da al poeta la oportunidad de realizar movimientos teológicos. El salmista puede llenar la brecha o ampliar todavía más el significado de la primera frase. También puede dar un giro y presentar algo inesperado para captar la atención. En cualquier caso, leer y orar la poesía de los Salmos significa permitir que cada frase se acumule en nuestra mente para que la belleza y la verdad de la Escritura se desarrollen mientras el Espíritu Santo nos enseña.

EMOCIONES

La poesía es lenguaje emocional. Una caracterización desafortunada de la poesía es que los poetas simplemente emiten emociones; en otras palabras, la poesía no es más que una expresión escrita de su procesamiento mental de la vida, una especie de terapia lingüística. Aunque algo de poesía encaja en ese molde, gran parte de la poesía a lo largo de los siglos es emocional sin ser un mero acto de desahogo. La poesía está haciendo algo más que permitir al poeta desahogarse.

Detallar y precisar las emociones en los Salmos no es una tarea sencilla. Las diferencias culturales, históricas y lingüísticas hacen que sea una labor compleja.[137] Sin embargo, podemos observar emociones frecuentes e intensas a lo largo del libro de los Salmos. Algunas emociones persistentes de los salmistas son la frustración y la desesperación. Por ejemplo, el Salmo 13 comienza con: *¿Hasta cuándo, oh Señor?*

---

137. Véase, por ejemplo, el trabajo reciente de Erin Villareal, *Jealousy in Context: The Social Implications of Emotions in the Hebrew Bible*, Siphrut 27 (University Park, PA: Eisenbrauns, 2022).

¿Me olvidarás para siempre? (v. 1). El Salmo 22 inicia con: *Dios mío, Dios mío, ¿por qué me has abandonado?* (v. 1). Una nota similar de angustia se encuentra en el Salmo 35: *¿Hasta cuándo, Señor, estarás mirando? Rescata mi alma de sus estragos, mi única vida de los leones* (v. 17).

Los salmos son oraciones de gozo y confianza. El famoso Salmo 23 resuena con una sensación de seguridad: *El Señor es mi pastor, nada me faltará* (v. 1). Aunque parece que al salmista vive sus momentos más oscuros, declara: *No temeré mal alguno, porque Tú estás conmigo* (v. 4). Una mesa de victoria se le acredita al Dios vivo cuando el salmista dice: *Tú preparas mesa delante de mí en presencia de mis enemigos* (v. 5). La seguridad dentro del poema brilla a través de la noche más oscura.

La alegría impregna la poesía del Salmo 47. Esto es evidente no solo por la aparición de la palabra "júbilo", sino también por el contenido de todo el poema. Como se señaló antes, comienza con el llamado: *Batan palmas, pueblos todos; aclamen a Dios con voz de júbilo* (v. 1). El versículo siguiente da la razón: *Porque el Señor, el Altísimo, es digno de ser temido; Rey grande es sobre toda la tierra* (v. 2). Un llamado similar a la alabanza gozosa aparece en el versículo 6: *Canten alabanzas a Dios, canten alabanzas; canten alabanzas a nuestro Rey, canten alabanzas*. Como antes, el motivo sigue: *Porque Dios es Rey de toda la tierra; canten alabanzas con armonioso salmo* (v. 7). Esta misma alegría también desborda en el Salmo 66. Comienza con: *Aclamen con júbilo a Dios, habitantes de toda la tierra* (v. 1) y alcanza alturas aún mayores: *Toda la tierra te adorará, y cantará alabanzas a ti, cantará alabanzas a tu nombre* (v. 4). El llamado es: *Vengan y vean las obras de Dios, admirable en Sus hechos a favor de los hijos de los hombres* (v. 5). La expresión de alegría en estos salmos hace que sea difícil (aunque no imposible) leerlos con dientes apretados, ceño fruncido y tono monótono.

El "deleite" está intercalado a lo largo del libro de los Salmos. El primer salmo contrasta a los "impíos... pecadores" y "escarnecedores" con el que "en la ley del Señor está su deleite" (1:1). El poema da detalle al deleite en la siguiente frase: *Y en Su ley medita de día y de noche* (v. 2). Similar es el Salmo 112: *¡Aleluya! Cuán bienaventurado es el hombre que teme al Señor, que mucho se deleita en sus mandamientos* (v. 1). El Salmo 35 muestra una reciprocidad de emoción: *Canten de júbilo y regocíjense los que favorecen mi causa; y digan continuamente: «Engrandecido sea el Señor, que se deleita en la paz de su siervo»* (v. 27). Tanto la congregación como el Señor se deleitan. Se nota un intercambio similar al leer los Salmos 40 y 41 en yuxtaposición. El primero dice: *Me deleito en hacer Tu voluntad, Dios mío; Tu ley está dentro de mi corazón* (40:8). El segundo explica la perspectiva del salmista sobre lo divino: *En esto sabré que conmigo te complaces, que mi enemigo no cante victoria sobre mí* (41:11). El deleite es parte de la vida divina y de la vida del discípulo.

El temor es una emoción frecuente y compleja a lo largo del Salterio. Al principio del libro se encuentra el llamado: *Sirvan al Señor con temor reverente* (2:11 NTV). El gran Salmo 19 da una interpretación del "*temor del Señor*": *Es limpio, que permanece para siempre; los juicios del Señor son verdaderos, todos ellos justos* (v. 9).[138] Un sentido diferente se expresa en la confianza del salmista en el Salmo 23: *Aunque pase por el valle de sombra de muerte, no temeré mal alguno, porque tú estás conmigo; tu vara y tu cayado me infunden aliento* (v. 4). De modo similar, el Salmo 27 comienza con: *El Señor es mi luz y mi salvación; ¿a quién temeré?* (v. 1). El Salmo 67 nos da una visión amplia con la bendición: *Dios nos bendice, para que le teman todos los términos de la tierra* (v. 7). El Salmo 103 invita a la adoración al Dios viviente al reflexionar en la realidad de que "como están de altos los cielos sobre la tierra, así es de grande su misericordia para los que le *temen*" (v. 11). El temor es una emoción rica y complicada que los Salmos pueden sostener como un recurso y también como algo antitético a caminar en fe.

El libro de los Salmos, por supuesto, contiene muchas más emociones de las que se pueden señalar aquí. Lo que es fundamentalmente

---

138. Para más consideraciones, véase Brent Strawn, "What Is It Like to Be a Psalmist? Unintentional Sin and Moral Agency in the Psalter", *JSOT* 40 (2015): pp. 61-78.

importante para la lectura de la poesía de los Salmos hoy en día, es que el lector no aísle ni distancie las emociones, ya sea el rugido de "Todo lo que respira alabe al Señor" (150:6) o el clamor de quien está "afligido y necesitado", pidiéndole al Señor "alegra el alma de tu siervo" (86:1, 4). Involucrarse con la poesía de la Escritura significa entregarnos por completo, pues nunca somos meramente cerebros en un palo, como los salmos a veces muestran de manera tan bella y dolorosa. Sin embargo, esto no es una invitación para una expresión emocional desenfrenada, sino una oportunidad para que nuestras emociones sean enseñadas por los salmos.

VERDAD SAGRADA

La Biblia habla *acerca de* Dios. Esto no parece ser controversial, pero a la vez nuestros hábitos de lectura y nuestras expectativas pueden ir sin intención alguna en contra de este principio. Podemos fácilmente entrenar nuestras mentes y nuestros ojos para suponer que la Biblia habla principalmente sobre nosotros. Así, cuando la leemos, es probable que pensemos: "¿Qué puedo hacer diferente o mejor hoy?". Esto no es muy distinto a algunas palabras de autoayuda motivacionales que son fácilmente accesibles en libros o en las redes sociales actualmente. Aunque la Biblia puede impulsarnos a ajustar nuestra conducta, ciertamente ese no es su principal propósito. Primero y ante todo, nos muestra *quién es Dios*. Esto es cierto desde Génesis hasta Jeremías, desde Romanos hasta Apocalipsis. Así que cuando llegamos a los Salmos, necesitamos estar listos para (re)considerar quién es Dios y qué hace Dios, porque el libro habla *acerca* del Señor Dios.

Tal verdad se encuentra corroborada a lo largo del Salterio. En el Salmo 11 el salmista lamenta su situación; mientras lo hace, reflexiona en su experiencia pasada con Dios y sobre verdades teológicas simples, pero profundas, como: *El Señor está en Su santo templo, el trono del Señor está en los cielos* (v. 4). Además: *Sus ojos contemplan, sus párpados examinan a los hijos de los hombres* (v. 4). Sobre los impíos hará *llover carbones encendidos* (v. 6). *Pues el Señor es justo; Él ama la justicia* (v. 7). Aunque la angustia corre a lo largo del poema, la realidad de Dios es nombrada y descrita por el salmista.

De manera similar, el Salmo 20 habla de los actos de Dios durante la mayor parte del poema. "Que el Señor te responda... te envíe ayuda... se acuerde... te conceda... cumpla" (vv. 1-6). Las peticiones descansan en el versículo 6: *Ahora sé que el Señor salva a Su ungido*. Ciertamente, la descripción de las acciones divinas no es abstracta: está basada en la relación de Dios con el rey humano de Israel, el "ungido" de Dios (v. 6), pero Dios está en el centro del poema.

El Salmo 24 da la bienvenida al lector a la verdad de que: *Del Señor es la tierra y todo lo que hay en ella, el mundo y los que en él habitan* (v. 1). La creación es el dominio del Señor (vv. 1-2). Así, una pregunta razonable es: *¿Quién subirá al monte del Señor? ¿Y quién podrá estar en su lugar santo?* (v. 3). La respuesta desafía al lector a una vida de pureza, buscando el rostro del Señor (vv. 4-6). La última parte invita a que "entre el Rey de gloria" (v. 7). Preguntas y respuestas llenan las últimas líneas: *¿Quién es este Rey de la gloria?* (v. 8), que lleva a la respuesta: *El Señor, fuerte y poderoso* (v. 8). *El Señor de los ejércitos, él es el Rey de la gloria* (v. 10). Este poema habla sobre el Dios glorioso, fuerte y Creador, quien debe ser adorado por una comunidad definida por la integridad.

Recordando nuestro pasaje inicial de 2 Timoteo, estos salmos vienen, sobre todo, *de* Dios. Este marco santo es importante porque son Escritura y no simplemente reflexiones creativas de personas de fe. Además, los salmos son *para* Dios, ya que son oraciones. Muchos salmos provienen de un lugar de angustia y necesidad; por lo tanto, no es sorprendente que la primera línea de muchos poemas esté dirigida al *Señor*. Una serie de salmos similares aparece al principio del libro. El Salmo 4 comienza con: *¡Respóndeme, oh Dios de mi justicia!* (v. 1). El siguiente salmo comienza con una súplica directa: *Escucha mis palabras, oh Señor; considera mi lamento* (5:1). El Salmo 6 comienza diciendo: *Señor, no me reprendas en Tu ira, ni me castigues en Tu furor* (v. 1). El siguiente poema fundamenta la súplica en el pasado: *Oh Señor, Dios mío, en Ti me refugio; sálvame de todo el que me persigue, y líbrame* (7:1).[139]

En un tono completamente diferente, el Salmo 138 comienza con acción de gracias dirigida directamente al Señor: *Con todo mi corazón te daré gracias; en presencia de los dioses te cantaré alabanzas* (v. 1). La familiar línea de apertura del Salmo 139 dice: *Oh Señor, Tú me has escudriñado y conocido; Tú conoces mi sentarme y mi levantarme* (vv. 1-2). El hermoso inicio del Salmo 145 está dirigido al Dios viviente: *Te exaltaré mi Dios, oh Rey, y bendeciré Tu nombre eternamente y para siempre* (v. 1). Estos salmos nos ayudan a recordar que los poemas son *para* Dios, así como *de* Él y *acerca* de Él. Esto significa que la riqueza de la poesía no se puede considerar simplemente como un suspiro emotivo: como lo demuestra la plenitud del libro de los Salmos, los poemas son de muchas maneras *teológicos y poéticos*.

Este capítulo ha explorado algunos de los elementos básicos de la poesía e inherentes a la Escritura. En otras palabras, hemos visto cómo la apertura de la poesía, sus imágenes, su paradoja, su forma concisa y su inclinación hacia emociones fuertes son todas tomadas como parte de la Escritura "para enseñar, para reprender, para corregir, para instruir en justicia" (2 Timoteo 3:16).[140] A la luz de la realidad de la poesía de la Escritura discutida en este capítulo, el siguiente capítulo explora formas y temas *específicos* de la poesía de los salmos. El propósito no es hacer un examen exhaustivo del libro de los Salmos, sino ver y sentir cómo los detalles de la poesía de los salmos construyen el alma.

---

139. Véase también Salmos 17:1; 22:1; 25:1; 26:1; 27:1.
140. En este capítulo no he agotado las características de la poesía. Presento varios elementos poéticos en la sección 2 (caps. 5–14). Mi tarea allí es mostrar la fuerza pedagógica de estos elementos, su función formativa.

4

Un andamio para el alma

La vida nos encuentra. No importa cuán bueno sea nuestro día, ni lo terrible que pensemos que es, la vida se mueve y gira. Claro que las dificultades de la vida están en un espectro, y perder la billetera no es lo mismo que perder a una mascota querida; sin embargo, con esta escala en mente, es sorprendente cómo una cosa pequeña puede frustrar nuestro espíritu. Es como si todos los días estuviéramos simplemente esperando a ver en qué momento las cosas salen mal. Así es la vida, pero en un sentido real eso está lejos de la vida a la que los Salmos nos invitan. Este capítulo detalla *cómo* funcionan los salmos. Exploramos la forma, el contenido y el propósito de la variada belleza de los Salmos. En el capítulo 3 vimos lo que es común en la poesía en *general* y cómo los Salmos usan esas cualidades para enseñar. En el capítulo presente, nuestros ojos están puestos en las características *específicas* de la poesía de los Salmos que nos ofrecen las palabras para hablar en esta "existencia de oración".[141]

DOLOR Y ORACIÓN

Al comenzar a leer, escuchamos la interconexión entre el dolor de la vida y los salmos. Al echar un vistazo a este libro bíblico, nuestras mentes se llenan rápidamente de imágenes y palabras que expresan dolor, sufrimiento, tristeza, lucha, llanto, insomnio, preocupación,

---

141. Hermann Spieckermann, "From the Psalter Back to the Psalms: Observations and Suggestions", ZAW 132 (2020): p. 18.

ansiedad, y más. La mayoría de los poemas en el libro de los Salmos se denominan *lamentos*.[142] Un lamento es un tipo de salmo en el que el salmista evalúa la situación, la describe a Dios, y entonces pide, ruega y suplica para que el Señor remedie la situación, todo mientras normalmente expresa confianza en Dios o promete alabarlo.[143] Tal vez algunas partes de este tipo de salmo nos resultan familiares: *¿Hasta cuándo, oh Señor?* (Salmo 13) o *Dios mío, Dios mío, ¿por qué me has abandonado?* (Salmo 22). Pero pensemos más profundamente en cómo los salmos de lamento forman nuestra experiencia y teología.

En primer lugar, los salmos de lamento nos enseñan a vivir la vida con los ojos bien abiertos.[144] Esto es un desafío, especialmente dadas la distracciones, el aburrimiento y la curiosidad que dominan nuestras vidas. Si constantemente estamos mirando nuestros teléfonos y desplazando la pantalla sin dirección, entonces nos resulta bastante difícil observar los detalles de la vida. Si bien podemos enviar un mensaje como: "Estoy muy ansioso" o "No puedo dormir", nuestra falta de observación de la vida hace que tales afirmaciones sean innecesariamente superficiales. Dicho de otro modo, no solemos notar lo que realmente está provocando noches de insomnio. Esta falta de atención no es en absoluto el caso con los Salmos. Aunque es cierto que la mayoría de los salmos carecen de especificidad sobre la situa-

142. Véase también Walter Brueggemann, *The Message of the Psalms: A Theological Commentary* (Minneapolis: Augsburg, 1984); Carleen Mandolfo, *God in the Dock: Dialogic Tension in the Psalms of Lament*, JSOTSup 357 (Sheffield: Sheffield Academic, 2002).
143. Sobre el lamento y los diversos géneros en la poesía del Antiguo Testamento en general, véase Elaine James, *An Invitation to Biblical Poetry*, EBS (Nueva York: Oxford University Press, 2021), 76-105; William H. Bellinger Jr., "Psalms and the Question of Genre", en *The Oxford Handbook of the Psalms*, ed. William P. Brown (Nueva York: Oxford University Press, 2014), 313-25; Stuart Weeks, "Form Criticism: The Limits of Form Criticism in the Study of Literature, with Reflections on Psalm 34", en *Biblical Interpretation and Method: Essays in Honour of John Barton*, ed. Katharine J. Dell y Paul M. Joyce (Oxford: Oxford University Press, 2013), pp. 15-25.
144. Cf. Anastasia Boniface-Malle, "How Can We Sing the Lord's Song in Africa?", en *Out of Place: Doing Theology on the Crosscultural Brink*, ed. Jione Havea y Clive Pearson (Londres: Routledge, 2014), pp. 202-23.

ción que les da origen (recuerda el capítulo 3), eso no significa que los lamentos sean solo quejas generalizadas, sin prestar atención a lo que está sucediendo.

A menudo, los lamentos describen los dolores de los salmistas y cómo están; por lo general, no muy bien, por cierto. Los lamentos detallan las experiencias de los poetas del dolor. El Salmo 3, por ejemplo, dice en la primera frase: *¡Oh Señor, cómo se han multiplicado mis adversarios! Muchos se levantan contra mí* (v. 1). Estos enemigos se burlan de la fe del salmista (v. 2). De modo similar, el Salmo 6 declara: *Se consumen de sufrir mis ojos; han envejecido a causa de todos mis adversarios* (v. 7). Quiero ser cuidadoso aquí diciendo que aunque los lamentos frecuentemente describen la razón por la que el salmista batalla, no es lo mismo que decir: "Todos deberíamos poder mirar el dolor de nuestra vida y racionalizar la razón [o propósito] exacta de ese dolor"; de ningún modo. El libro de Job hace un gran trabajo al desconectarnos de tal noción. Con estos parámetros en mente, los lamentos nos ayudan a mirar alrededor, reconocer la situación, nombrar el dolor y comenzar a afrontarlo.

En segundo lugar, los lamentos nos inspeccionan. Tenemos que luchar con nuestra visión de Dios y de nosotros mismos. Es evidente que todos tenemos que lidiar con algún tipo de dolor y sufrimiento: social, físico, emocional, y demás. Los lamentos nos empujan. Si no tenemos cuidado, podemos comenzar a pensar que nosotros mismos podemos hacernos cargo de ciertos desastres y aflicciones. Podríamos pensar que somos capaces de manejar las cosas pequeñas y medianas, y que Dios puede ocuparse de las grandes cosas de la vida. Dicho de modo concreto, podemos encargarnos de la situación si alguien nos calumnia o ensucia nuestro nombre, pero si alguien está gravemente enfermo, entonces tendemos a orar por él o ella. ¿A qué se debe eso? ¿Es esa la visión de la vida que dibujan los salmos? Como puedes imaginar, ¡la respuesta es un rotundo "no"!

Los lamentos nos llevan a darnos cuenta de que no podemos vivir la vida por nuestra cuenta. Esta verdad teológica arroja su luz sobre todo el Salterio. Ya sea la declaración de Dios como Creador o una súplica por resolución en la vida del salmista, Dios siempre está en el centro del escenario.[145] La intersección del cuidado de Dios y su poder sobre los salmistas fomenta las muchas imágenes de Dios en los Salmos, incluyendo Dios como "roca" o "escudo". Los lamentos, por lo tanto, deberían restringirnos y calmarnos, recordándonos que no podemos realmente salir de una situación por nuestra cuenta, pero el Dios vivo sí puede liberarnos.

La relación entre lamento y confianza no es difícil de ver. Tenemos que confiar en que Dios puede oírnos. Debemos tener confianza en que a Él le importa lo que escucha. Después tenemos la confianza de que puede hacer algo al respecto. Cada paso está bañado en confianza. Como tal, expresar un lamento es una declaración de que no podemos vivir la vida solos.

Sin embargo, los salmos de lamentación nos desafían de otra manera que es un poco más sutil, un poco más religiosa. Lo he visto en mi vida y en la vida de otros. Cuando el peso de la vida nos golpea, y lo hace con dureza, podríamos (en un intento por ser santos, con la esperanza de seguir bien a Dios) intentar desviar la conversación de nosotros mismos. En cierto modo, esto es algo bueno y correcto, pero no nos apresuremos demasiado. Un intento de desviar la atención de nosotros mismos se da en la frase "bueno, hay personas que lo están pasando peor", y aquí es donde se complica: probablemente eso sea cierto. Con el acceso constante a las noticias del mundo, ¿quién podría afirmar que las luchas personales están al mismo nivel que un grupo de personas siendo exiliadas, sus pueblos saqueados y su gente asesinada? Esto conduce al pensamiento considerado a medias:

---

145. Para un trabajo reciente sobre la teología de los Salmos, consulta Robert L. Foster, *We Have Heard, O Lord: An Introduction to the Theology of the Psalter* (Lanham, MD: Lexington Books/Fortress Academic, 2019).

"¿Quién soy yo para preocupar a Dios con mi pequeña situación?".[146] Sin embargo, una vez más, los salmos de lamentación nos llevan a una línea de pensamiento diferente.

La idea de comparar el dolor, la lucha y la pérdida con las pruebas de otros parece ser un concepto moderno, no generalizado en la Sagrada Escritura.[147] Por lo tanto, la idea de descartar nuestras luchas porque otra persona tiene una situación peor no es el punto. Los salmos de lamentación entrenan nuestros pensamientos, oraciones y disposición general hacia la vida. En palabras sencillas: ¡Dios se interesa! El Señor tiene un profundo interés por aquellos que han experimentado lo peor de la humanidad, pero también le importa esa cosa aparentemente insignificante que nos envía a una espiral emocional. La comparación puede que sea la esencia de las redes sociales, pero no es común en el tratamiento de la angustia en los salmos.

CANTAR ALABANZAS

Más allá de enseñarnos a clamar a Dios en momentos de necesidad, los salmos nos enseñan a alabar.[148] Este acto es complicado en la actualidad. Primero, está el problema de los trofeos. Con eso me refiero a algo en el contexto cultural que nos indica que casi todos deberían recibir algún tipo de reconocimiento: la idea del trofeo de participación. Por lo tanto, el centro de la alabanza bien podría ser nosotros mismos en lugar de nuestro Creador. Esto parece resaltar nuestra naturaleza como criaturas que buscan alabanza.[149] Segundo, nuestra visión de la adoración en la iglesia ha dirigido nuestra mirada

---

146. Para ser claro, sin embargo, no estoy comparando el hecho de que a alguien no le guste una publicación en redes sociales con el exilio de un grupo de personas.
147. Curiosamente, el Salmo 73 explora la comparación en detalle y sirve como una corrección para juicios miopes (véase el capítulo 11).
148. Véase Travis J. Bott, "Praise and Metonymy in the Psalms", en Brown, *Oxford Handbook of the Psalms*, 131-146; Erhard S. Gerstenberger, "Petition and Praise: Basic Forms of Prayer in Babylonian and Hevrew Tradition", *Die Welt des Orients* 49 (2019): pp. 81-94.
149. Véase también los comentarios de Alan Jacobs, citados en el capítulo 1.

(al menos para algunos de nosotros) en una dirección específica, o al menos peculiar. No es raro entrar a un edificio de iglesia y escuchar únicamente música de alabanza bastante alegre y animada. Aunque esto podría parecer algo positivo, sugiero que en realidad es profundamente problemático.

Al tener música denominada de alabanza, fuerte y emocionante, a lo largo de un típico servicio de iglesia, nuestros corazones pueden sintonizarse con ciertos efectos secundarios en lugar del propósito real de la alabanza. En otras palabras, podemos llegar a pensar que un sentimiento de felicidad o emoción es crucial para alabar a Dios. Para ser claros, dudo que muchas personas hagan esto de manera consciente; simplemente es un recordatorio de que los hábitos importan.[150] Regresando específicamente a los Salmos, este libro de poemas no nos llama a estar felices o emocionados *para* alabar a Dios. La razón es sencilla: la alabanza no se trata de nosotros o de nuestras circunstancias, sino de Dios mismo.

Aquí debemos detenernos un momento. Voy a retomar otro hilo de la discusión anterior. Nuestros gustos musicales no solo pueden limitar nuestro marco de alabanza; también pueden desplazar el lamento. Nuevamente, si estamos acostumbrados únicamente, o principalmente, a cierta sensación de felicidad, entonces, cuando nos unimos a una congregación para cantar, semana tras semana, se nos enseña (involuntariamente) a silenciar el dolor, la tristeza, la lucha. "Alégrate... canta... sigue adelante", comenzamos a pensar. No digo esto para ser excesivamente crítico con cierto tipo de música; de ningún modo. Lo digo porque los Salmos nos incitan a reflexionar claramente sobre nosotros mismos, nuestro entorno y, lo más importante, Dios. Para lamentar y alabar bien, necesitamos dirigir nuestra

---

150. Véase más sobre James K. A. Smith, *Desiring the Kingdom: Worship, Worldview, and Cultural Formation* (Grand Rapids: Baker Academic, 2009); Smith, *Imagining the Kingdom: How Worship Works* (Grand Rapids: Baker Academic, 2013).

atención al Dios trino. Nuestro estado de ánimo específico en un día determinado no es lo más importante.[151]

En nuestros momentos y movimientos, podemos empujarnos lentamente al centro de nuestro mundo y convertirnos en el toque final de nuestro propio pensamiento. Por fortuna, los salmos nos mueven en la dirección opuesta. El tema de la Sagrada Escritura es el objeto de nuestra alabanza.[152] Es decir, fijamos nuestros ojos en el Dios santo. Los salmos de alabanza se diferencian de los otros tipos de salmos: la alabanza no depende particularmente de lo que Dios ha hecho por mí y por ti, sino que es dada principalmente porque Dios es quien es.[153] El Salmo 33 dice, por ejemplo: *Porque la palabra del Señor es recta, y toda su obra es hecha con fidelidad* (v. 4). El Salmo 47 abre con un llamado a que toda la gente bata sus palmas y grite: *Porque el Señor, el Altísimo, es digno de ser temido; Rey grande es sobre toda la tierra* (v. 2). Toma el famoso Salmo 100 como otro ejemplo que contiene un llamado a gritar, adorar y alabar: *Porque el Señor es bueno; para siempre es Su misericordia, y Su fidelidad por todas las generaciones* (v. 5).

Quién es Dios —eso solo, descrito de diversas maneras a lo largo del Salterio— sustenta la declaración. No hay necesidad de preguntar en este caso: "¿Qué ha hecho Dios en mi vida últimamente?". Ciertamente, esa no es una mala pregunta (aunque se podía refinar un poco), pero la pregunta es más bien: "¿Quién es Dios?".[154] Podría parecer simple, demasiado simple, hacer esa pregunta; pero es una pregunta que se ha hecho durante miles de años. Para llegar

---

151. Esto no es lo mismo que decir que los sentimientos de una persona son irrelevantes.
152. Véase más en John Webster, *The Culture of Theology*, ed. Ivor J. Davidson y Alden C. McCray (Grand Rapids: Baker Academic, 2019); Webster, *The Domain of the Word: Scripture and Theological Reason* (Londres: T&T Clark, 2014).
153. Rolf A. Jacobson y Karl N. Jacobson señalan que estas alabanzas "pueden cantarse tanto en tiempos buenos como en malos, [y] al menos podemos decir que el himno *no supone un tiempo de crisis*". *Invitation to the Psalms: A Reader's Guide for Discovery and Engagement* (Grand Rapids: Baker Academic, 2013), p. 47 (énfasis original).
154. Aquí hay una distinción entre acción de gracias y alabanza.

a una respuesta adecuada, nuestro método es importante. Por ejemplo, sería un error reunir todo lo que podamos el mundo material y deducir quién es Dios a partir de eso. Solo encontraríamos zarzas y espinos si quisiéramos reflexionar qué es un ser humano y luego querer definir exactamente cómo es Dios. En cambio, abrimos nuestros ojos a la enseñanza dada por la Sagrada Escritura para ver quién es Dios.[155] Esto no es *anti*histórico, *anti*naturaleza, y demás. Más bien, se centra en la revelación de la Palabra de Dios como el medio mediante el cual conocemos quién es Dios.

En la tradición denominacional de la que soy parte, es bastante común oír y ser retado con imperativos directos: "¡Ve a la casa y lee tu Biblia!". Con ello, lo que quieren decir suele ser: "Ve a tu casa, toma tu Biblia y léela en silencio, a solas".[156] Esto hasta aquí es bueno, pero los salmos de alabanza hacen reflexionar sobre la realidad de Dios. Así, tachar de una lista de quehaceres la lectura bíblica diaria es algo incompleto, insuficiente, y en el mejor de los casos, algo a medias. Deberíamos (¡debemos!) pasar de leer y meditar a *alabar*, dirigiendo nuestra vida, nuestro conocimiento y nuestras palabras a Dios.

La alabanza moldea y da estructura a nuestra vida. Caminar por la vida preocupados, sujetos a nuestra propia agenda, y pensando melancólicamente en nuestros problemas no bastará. La alabanza misma abre un espacio en nuestra vida, al margen de la disposición o los entornos; tenemos que ser cautelosos con asociar la felicidad y la emoción con la alabanza. Alabar no elimina nuestro momento presente, sino que nos impulsa, quizás incluso nos incita, a mirar *por encima* de nuestra situación del momento para alabar al Padre, al Hijo, y al Espíritu Santo. El enfoque singular, sin excluir el lamento, es que alabamos.

---

155. Véase, por ejemplo, Katherine Sonderegger, "The Bible as Holy Scripture", *Pro Ecclesia* 31 (2022): pp. 127-41.
156. Hablo más sobre esto en el epílogo.

EL REY Y EL REINO

Dios es Rey. Él gobierna y reina: este es el latido de la confesión cristiana.[157] Aunque no es sorprendente encontrar esta verdad en el Nuevo Testamento, podría tomarnos por sorpresa el hecho de que es una afirmación frecuente y central en los Salmos. Claramente, esta frase aparece en lo que se ha llamado el corazón teológico del Salterio: libro 4 de los Salmos.[158] Me gustaría considerar cómo estos salmos moldean el alma.

En primer lugar, estas proclamaciones aparecen en los salmos probablemente compuestos cuando Israel no tenía sobre el trono a un rey humano y físico; por lo tanto, exclamar "¡Dios es Rey!" lanza la esperanza al aire. Las cosas podrían ir mal, y la visión del reino de Dios podría haberse desdibujado debido a la falta de un rey davídico; sin embargo, como una fuerza resonante, los salmos dan testimonio audible a un mundo que observa y a un corazón débil: "¡Dios es Rey!". Esto, por supuesto, encaja bien en el Nuevo Testamento tanto en tema como en historia. Más de una vez, el Nuevo Testamento describe a su audiencia como exiliados que esperan restauración y regreso.[159] Al mirar alrededor, ya sea en el primer siglo o en el siglo XXI, podemos ver un mundo gobernado violentamente por reyes, señores y gobernantes. En consecuencia, podríamos suponer que este planeta está lejos del cuidado, la preocupación y, especialmente, la administración de Dios. Estos salmos entran en esas oscuras realidades y arrojan luz. Los primeros oyentes de los Salmos y de 1 Pedro,

---

157. Véase, por ejemplo, Thomas R. Schreiner, *The King in His Beauty: A Biblical Theology of the Old and New Testaments* (Grand Rapids: Baker Academic, 2013).
158. El Libro 4 comprende los Salmos 90–106. Sobre estos salmos, véase Bruce K. Waltke y James M. Houston, *Psalms as Christian Praise: A Historical Commentary* (Grand Rapids: Eerdmans, 2019). Para una discusión sobre la historia de la recepción en relación con la teología, véase Susan Gillingham, "Psalms 90–106: Book Four and the Covenant with David", *European Judaism: A Journal for the New Europe* 48 (2015): pp. 83-101.
159. No deseo resaltar todas las diferencias matizadas entre la audiencia inicial de los Salmos, 1 Pedro y los cristianos de hoy. En su lugar, aquí me enfoco en lo que es común.

por ejemplo, reciben la instrucción de que no todo está perdido, que este mundo no está dando vueltas en el caos. Estamos anclados a la esperanza por la verdad del reinado de Dios.

En segundo lugar, los salmos confiesan el reinado de Dios en el contexto del juicio.[160] Esto podemos comprenderlo de modo diferente. Para algunos que prefieren los salmos más agradables e individualizados, como el Salmo 23 y el 51, estas declaraciones colectivas que mezclan el reinado de Dios con su juicio quizás no sean las más disfrutables. En algún nivel entiendo eso, pero haríamos bien en escuchar las palabras de Ellen Charry sobre la burla del Señor a los rebeldes en el Salmo 2: "El gusto religioso personal queda en segundo lugar, no por el bienestar del individuo... sino por causa del reinado universal de Dios".[161] La noticia del reinado de Dios es buena porque Él hace todas las cosas correctas. Es evidente por la experiencia vivida y el testimonio de las Sagradas Escrituras que muchos se rebelan contra el gobierno bueno y justo de Dios. Los que tenemos fe en el Dios trino no debemos olvidar que una vez fuimos rebeldes.[162] Que Dios muestre su juicio sobre un mundo desordenado da testimonio de su cuidado y dominio. Esto tiene la capacidad de abordar los rincones más oscuros del alma.

No es muy difícil darse cuenta de que hoy las cosas no están bien en el mundo. Cualquier vistazo a una publicación en el internet o a una noticia nos recuerda rápidamente las atrocidades humanas. Las personas responden de manera diferente al consumir las noticias del mundo. Algunos podrían simplemente desesperarse, lamentándose (aunque difícilmente en el sentido bíblico) de lo mal que están las cosas. Puede que anhelen profundamente un tiempo y un lugar imaginarios de hace mucho tiempo atrás, donde todo parecía (al menos

---

160. Véase especialmente los Salmos 96 y 98.
161. Ellen T. Charry, *Psalms 1–50*, Brazos Theological Commentary on the Bible (Grand Rapids: Brazos, 2015), p. 9.
162. Véase Romanos 1–2.

en su percepción) estar bien.[163] Otros pueden adoptar un enfoque más activo: construir una coalición, formar un grupo, tomar una postura. En resumen, ¡hacer algo! Estas personas tienden a estar políticamente afiliadas, aquellas que, en sus peores momentos de lógica, piensan que si su líder, su candidato, su persona obtiene el puesto de poder deseado, entonces todo irá bien. En cualquier caso, estas personas (perdonen mi ligera caricatura) están invitando a una profunda decepción a sus vidas. Ningún pasado imaginado ni ningún futuro movilizado realmente arreglará las cosas en el sentido más pleno. Esto no significa que las cosas no puedan mejorar; claro que pueden. Simplemente hago hincapié en que la mejora social no equivale al *shalom* de Dios.

Declarar el juicio real de Dios describe un mundo de paz en mente y palabra. Dios pone las cosas en orden: los malvados y rebeldes tendrán que rendir cuentas. No olvidemos que el poema inicial, el Salmo 1, a menudo mencionado para resaltar la vida buena o la necesidad de leer la Escritura, en realidad termina con esta nota: *Pero el camino de los impíos perecerá* (v. 6). Mi observación es que las personas (en el sentido más general) no observan esta última frase o no les importa; sin embargo, esta línea final nos ayuda a escuchar la música en el resto del Salterio y, de hecho, a lo largo de toda la Biblia.

Estos salmos actúan en nosotros. Nos recuerdan que la rebelión tiene consecuencias y que el caos no reina. Como se mencionó, ni la nostalgia ni la fuerza política deberían ser *la* respuesta. Esos movimientos no toman en cuenta el pasado, el presente y el futuro. Hay una lógica subyacente importante aquí: anunciar que Dios gobierna es profesar que nosotros no lo hacemos; por lo tanto, cualquier consecuencia duradera, verdadera y santa se atribuye a Dios. Al escuchar estos poemas bíblicos y cantar estos himnos, nuestros corazones están seguros frente a las inundaciones de la vida.

---

163. Véase también James K. A. Smith, *How to Inhabit Time: Understanding the Past, Facing the Future, Living Faithfully Now* (Grand Rapids: Brazos, 2022).

SOBRE DAR GRACIAS

¡Den gracias! Ofrecer acción de gracias a lo largo del día no es necesariamente un acto inusual para una persona de fe, pero los salmos le dan un enfoque particular. Una acción de gracias general por la provisión de Dios en términos de sustento diario no es algo insignificante, pero la acción de gracias en los Salmos no se queda ahí. Estos salmos viven del otro lado del lamento.[164] Como tales, cuando leemos estos poemas sagrados somos moldeados de una manera específica.

Como dijimos anteriormente, un lamento clama a Dios pidiendo ayuda, liberación o seguridad en una situación especialmente difícil. El trasfondo teológico para los salmistas, entonces, es que Dios se interesa, escucha, y puede hacer algo con el dolor del salmista, sea cual sea su definición. No es sorprendente que, en respuesta a esos lamentos, Dios responda: Él ayuda y sana. Sin embargo, esa no debería ser el final de la historia.

La acción de gracias puede sonar similar a los salmos de alabanza, y en muchos aspectos lo es, pero lo que distingue a la acción de gracias es que a menudo es la respuesta del salmista a un momento particular de liberación. Los salmos nos mueven, una vez más, de manera suave, sutil y explícita, a observar el dolor y el remedio de Dios. Pero una vez que se experimenta el amor benevolente de Dios, no deberíamos simplemente regresar a la normalidad; no es volver a la rutina. Estos salmos nos llaman a detenernos, individual y colectivamente, para proclamar las maneras específicas en las que Dios nos ayudó en un tiempo de angustia.

RECORDAR EL PASADO

La memoria es algo curioso hoy en día. Hubo un tiempo en el que yo tenía decenas de números de teléfono guardados en mi cabeza, listos para marcarlos, sí, en un teléfono fijo, en caso de emergencia o tal vez

---

164. Brueggemann, *Message of the Psalms*, p. 125.

para charlar con mis compañeros de trece años de aquel entonces. Ahora, lo único que necesito son unos cuantos toques en mi teléfono inteligente. Ya no necesito recordar números importantes de manera rápida o confiada, pero si soy sincero, esto se convierte en un gran problema cuando mi banco o mi farmacia me piden el número de teléfono de mi esposa y mi teléfono no está cerca.

Basta con decir que la memoria no se valora mucho en la actualidad; sin embargo, eso era bastante diferente para los antiguos. Dependiendo de la época y la cultura específicas, una buena memoria podía ser un indicador de intelecto, sabiduría, o ambos. Pero la mayoría de nosotros hoy simplemente recurrimos a Google. Los salmos enfatizan el papel de la memoria.[165] Un grupo particular, los salmos históricos, repasa momentos de la historia de Israel pero, crucialmente, ofrece más que una simple lección de historia.[166] La repetición del pasado sirve al presente: citar las obras de Dios trae a la mente las maravillas del Dios trino.

Al recordar que Dios, efectivamente, libró a Israel de los egipcios, por ejemplo, el salmista y la congregación se posicionan listos, preparados para dar el siguiente paso en fe. Esto no es un punto trivial. Tomemos, por ejemplo, el Salmo 105. Comienza con acción de gracias y dice a los oyentes: *Recuerden las maravillas que Él [el Señor] ha hecho* (v. 5). Estas maravillas comienzan con Abraham; el poema luego centra su enfoque en Egipto. Los diez grandes actos (plagas) se describen brevemente. El salmo concluye con Israel recibiendo las tierras de las naciones "a fin de que guarden sus estatutos" (v. 45).

---

165. Cabe destacar que la memoria es un tema en auge en la investigación académica. Lo que algunos estudiosos consideran el papel de la memoria no es lo que estoy tratando aquí. Cf. Maria-Sabina Draga Alexandru y Dragoş C. Manea, eds., *Religious Narratives in Contemporary Culture: Between Cultural Memory and Transmediality*, Studies in Religion and the Arts 17 (Leiden: Brill, 2021).

166. Véase además Vivian L. Johnson, *David in Distress: His Portrait through the Historical Psalms*, LHBOTS 505 (Londres: T&T Clark, 2009).

Similar, y a la vez distinto, es el siguiente poema: el Salmo 106 vuelve a relatar la historia, pero con un enfoque en la *desobediencia*. *Nuestros padres en Egipto no entendieron Tus maravillas; no se acordaron de Tu infinito amor... No obstante, los salvó por amor de su nombre* (vv. 7-8). Los errores de Israel son puestos de relieve en este salmo, solo para que los actos de Dios sean aún más asombrosos. *Y se acordó de Su pacto por amor a ellos, y se arrepintió conforme a la grandeza de Su misericordia* (v. 45). Estos salmos adyacentes muestran que lo histórico se puede recordar para distintos fines. La acción de gracias (Salmos 105) y el lamento (Salmos 106) son tan solo dos ejemplos.

Estos salmos históricos nos impulsan a recordar los hechos de Dios en el mundo. Aunque la escasa memoria pueda ser la tendencia en nuestra sociedad moderna enfocada en la tecnología, Salmos demuestra la importancia de recordar. Conocer la historia de las poderosas obras de Dios nos moldea y prepara para muchas cosas. Recordamos que Israel falló de maneras específicas e importantes, pero el Señor se mantuvo fiel a su pacto; podemos confiar mientras nos lamentamos (cf. Salmos 106) o dar gracias por lo que Él ha hecho (cf. Salmos 105). En cualquier caso, conocer la historia tal como fue no es solamente un asunto de conocer los hechos. Más bien, estos recuerdos arrojan una luz en la senda mientras caminamos con Dios.

SOBRE COSAS NATURALES

Los salmos ven la vida de manera diferente. La mayoría de nosotros, cuando miramos a nuestro alrededor vemos rocas, árboles y montañas, y lo dejamos ahí. Tal vez nos detenemos y experimentamos un momento de asombro; eso sí, si tomamos el tiempo y la oportunidad de conectar con el mundo natural. Cuando abrimos el libro de los Salmos, la imagen se vuelve mucho más clara y gráfica.

Las rocas *alaban*, los ríos *aplauden* y las montañas *cantan*. El mundo natural, mejor conocido como la creación, eleva alabanzas al

Dios viviente, su Creador. Aunque la Escritura en general da testimonio de la importancia de la naturaleza, ningún otro libro bíblico hace lo que hace el de Salmos, y ciertamente no con tanta frecuencia. La poesía de los Salmos ayuda a mover al lector hacia una comprensión y una experiencia correctas. Al caminar por la vida, deberíamos ser conscientes del orden creado: aves, árboles, ríos, estrellas, todo en conjunto. El punto no es simplemente convertirse en un "amante de la naturaleza" o respaldar alguna agenda política.[167]

Al leer los Salmos observamos el mundo textual, y desde ahí la poesía actúa. Etiquetas como "animado" e "inanimado" pierden su nitidez en estos poemas. Podríamos inclinarnos a decir que los pájaros cantan, pero que los ríos y los árboles no lo hacen. En esa misma clasificación, nos ayuda saber que el aire cultural que respiramos es específico, si no peculiar. Nuestra idea inmediata de lo que es y hace la creación difiere del testimonio de los Salmos.

Debo añadir, sin embargo, que términos como *antropomorfismo* no son suficientes. Pensar que los "ríos aplauden con las manos" es solo una pequeña figura retórica (cf. Sal. 98:8) que pierde de vista el propósito de la poesía. La creación alaba a Dios. De manera constante y verdadera, sin estímulo ni provocación, la creación alaba.[168] En contraste con la humanidad, la creación se convierte en nuestra maestra. A menudo necesitamos ser llamados, convocados, incluso sacudidos, para alabar al Dios santo. Como al observar a una sabia abuela que se conoce a sí misma y a su Dios profundamente, una mujer que puede pasar sin esfuerzo de perdonar a alguien a hospedar a otro y orar por alguien más, la creación a nuestro alrededor nos muestra una

---

167. Para una discusión cuidadosa y accesible, véase Sandra L. Richter, *Stewards of Eden: What Scripture Says about the Environment and Why It Matters* (Downers Grove, IL: IVP Academic, 2020).
168. Véase, por ejemplo, Ellen F. Davis, *Scripture, Culture, and Agriculture: An Agrarian Reading of the Bible* (Cambridge: Cambridge University Press, 2009); Richard Bauckham, *Bible and Ecology: Rediscovering the Community of Creation* (Londres: Darton, Longman & Todd, 2010); David Rensberger, "Ecological Use of the Psalms", en Brown, *Oxford Handbook of the Psalms*, pp. 608-620.

obediencia prolongada, una sabiduría que refleja la Sabiduría. Por lo tanto, la poesía, su lenguaje y contenido, dan forma a nuestra alma. Somos movidos por el hecho de que, primero, no somos los únicos que somos llamados "creación". Segundo, podemos y debemos alabar más a menudo de lo que lo hacemos. Tercero, nosotros (junto con los árboles, ríos, montañas y más) formamos parte del coro que canta al Dios viviente.

CONCLUSIÓN

La poesía de los Salmos no es meramente para el placer de escuchar, y no existe para entretener. Tampoco suscita una vida de fe fría y carente de emoción. La forma de poesía en general nos lleva a entrar en contacto con imágenes que invitan a la confianza y muestran terror, angustia y dolor de la forma más detallada. La poesía se siente. Las formas de poesía, ya sea el lamento o la alabanza, dan estructura y contenido a los ritmos normales de la vida. La poesía de Salmos es abierta, esperando que la tomemos y leamos. Lee y ora; ora y canta. Es para el individuo solitario y para la congregación entusiasta. Las estaciones del alma se describen y se muestran. El lector fiel hoy no debe mirar por encima este libro para ver cómo eran antes las cosas. Más bien, es para que nos muestre principalmente cómo las cosas *son* y *serán*.

Este capítulo ha sido solo una introducción. Hemos visto y oído la relación de la poesía con la vida, su efecto moldeador. Mucho de lo que se ha presentado se ejemplificará en la lectura de la parte 2. En ella veremos la grandeza de poemas específicos, la belleza minuciosa de frases, sonidos, metáforas, y más. Como se podría esperar, prestaremos una atención especial a las maneras en que los salmos nos tallan y moldean. Por lo tanto, no estaremos interesados solo en entender los salmos, sino también en absorberlos.

PARTE 2

Experimentar el poder restaurador de la poesía

5

La yuxtaposición en la poesía

SALMO 1

¿Qué es la buena vida? Las respuestas abundan en el momento actual: mercadólogos (especialistas en *marketing*), gurús y los llamados *influencers* tienen su propia visión. Al abrir este libro de poesía, los poemas nos invitan a reflexionar sobre qué es la buena vida. Afortunadamente, su visión difiere de lo que se ofrece en esta era de distracción. El Salmo 1, en particular, presenta una visión teológica del desarrollo humano a través de la yuxtaposición.

SALMO 1

> ¹*¡Cuán bienaventurado es el hombre que no anda en el consejo de los impíos,*
> *Ni se detiene en el camino de los pecadores,*
> *Ni se sienta en la silla de los escarnecedores,*
> ²*Sino que en la ley del Señor está su deleite,*
> *Y en su ley medita de día y de noche!*

³ Será como árbol plantado junto a corrientes de agua,
Que da su fruto a su tiempo
Y su hoja no se marchita;
En todo lo que hace, prospera.
⁴ No así los impíos,
Que son como paja que se lleva el viento.
⁵ Por tanto, no se sostendrán los impíos en el juicio,
Ni los pecadores en la congregación de los justos.
⁶ Porque el Señor conoce el camino de los justos,
Pero el camino de los impíos perecerá.

La primera palabra nos arraiga. Encontramos la descripción de alguien firmemente establecido en un mundo que gira con dificultad. Al leer la frase inicial del poema, es desafortunado que casi todas las traducciones de esta primera palabra ("feliz" o "bienaventurado") tengan el potencial de inducir al error.

Basta con decir que este poema tiene poco que ver con la naturaleza efímera de lo que comúnmente etiquetamos como felicidad, ni necesariamente habla de diversos logros físicos (bendiciones), aunque el salmo no es contrario a ellos. Al leer solo la primera palabra del Salterio se nos recuerda que la poesía es un negocio pausado. Un vistazo rápido o una lectura veloz no bastarán.

Más allá de la palabra inicial, las primeras frases viven en lo negativo. A primera vista, esto puede parecer una introducción extraña. ¿Por qué comenzar con lo que *no* se debe hacer? En parte, la razón es que el poeta quiere sentar las bases para lo que es demasiado fácil y accesible. El salmo considera el camino más natural que sus lectores podrían tomar. A partir de ahí, el salmista ofrece una lección poética sobre por qué ese camino es infructuoso.

Cada una de las frases negativas en el versículo 1 se repite. Como cualquier buena pieza musical, la repetición sirve a la memoria y al significado. Dicho de otro modo, la recurrencia nos ayuda a saber qué esperar (al menos en términos generales) cuando nos acercamos a la siguiente línea. En el versículo 1, palabras repetidas ("ni" y "en"), verbos similares ("andar", "detenerse" y "sentarse") y sustantivos casi sinónimos ("impíos", "pecadores" y "escarnecedores") dan forma a las frases y proporcionan cohesión. Al leer el poema, sería incorrecto concluir: "Estas frases dicen lo mismo". Igualmente estaría fuera de lugar pensar: "Cada frase dice algo completamente distinto". La verdad está en el término medio. Dejar que estas frases se asienten a través de una repetición cuidadosa resulta extraordinariamente útil.

El camino negativo conduce primero al consejo de los impíos. El verbo "andar" se usa con frecuencia para comunicar afiliación y, a veces, obediencia y lealtad (1 Reyes 18:21). Por lo tanto, la conexión de "andar" con "consejo" no es sorprendente en el versículo 1. La descripción decisiva de esta frase poética aparece con el sustantivo "los impíos". Aquí es, precisamente, dónde y con quién *no* debería estar el bienaventurado. Lugares similares son "pecadores" y "escarnecedores" en las dos frases siguientes. Como se mencionó antes, estas categorías no son exactamente iguales, pero la distinción más notable aparece en la última línea. Los "escarnecedores" son aquellos que manifiestan su maldad *con la boca*. Por lo tanto, mientras que los dos primeros, "impíos" y "pecadores", son descripciones razonablemente claras, el último deja estas tres frases con la imagen más refinada. La estructura del versículo invita a reflexionar sobre la vida del bienaventurado imaginando a aquellos que no lo son.

Un movimiento sutil e implícito dentro del versículo inicial tiene que ver con el tiempo. El ritmo, a través de los verbos "anda", "se detiene" y "se sienta", se desacelera de un paseo hasta un descanso cómodo. En cierto sentido, el movimiento se ha detenido. Ya no hay quien ande o esté de pie; la poesía *se sienta*. La intersección entre *sentarse* y *escarnecer* invita a la reflexión, pero no se reduce fácilmente a un único punto didáctico. A la luz del versículo 1, por supuesto, uno podría decir: "No te juntes con malas personas", lo cual no es del todo incorrecto, pero el movimiento del poema en sí permite que las imágenes fluyan sobre el lector. Estas imágenes verbales sugieren la facilidad y el peligro de recibir y participar en consejos insensatos. El ritmo de las líneas introductorias pone ritmo en la mente y palabras en la boca.

Al llegar al versículo 2 nos damos cuenta de que el versículo inicial es un prefacio intencional para estas dos líneas. El contraste ("sino") entre los versículos 1 y 2 es fuerte. En el versículo 2 se repite la expresión "en la ley de", pero la falta de simetría en la segunda mitad del versículo realiza un gran trabajo en el poema. Desde la primera línea del versículo 2 queda claro que la instrucción proviene "del Señor". Un detalle clave de la línea es el "deleite" que el bienaventurado encuentra en la ley del Señor. Con la palabra "deleite" entramos más claramente en el mundo emotivo de la poesía. Esta frase desafía a todos los que asociarían la obediencia con algo tedioso. El deleite abre nuestros ojos al mundo del deseo y el gozo. De manera crucial, este deleite contrasta con el camino accesible y usual de los impíos. Al unirse estas frases, el lector recibe un llamado no solo a tomar un camino distinto, sino que el poema invita a que el gozo del lector resida "en la ley del Señor". La yuxtaposición entre los dos primeros versículos juega un papel importante a la hora de desarrollar la riqueza del "deleite".

La segunda línea del versículo 2 colorea nuestro dibujo de lo que significa el deleite. A diferencia del simple verbo "está" en la primera línea, la segunda línea especifica que el bienaventurado "medita" en la instrucción del Señor.[169] Una vez más, las traducciones suelen conducir a caminos poco productivos. Meditar evoca una variedad de imágenes, pero el sentido más preciso del verbo aquí tiene que ver con hablar o murmurar, en el sentido de repetir. En otras palabras, los bienaventurados repiten la instrucción del Señor una y otra vez en su mente y en su boca. La conexión poética del versículo 2 demuestra que el deleite tiene algo que ver con la reflexión; uno no está separado del otro. Además, esta *meditación* debería practicarse "de día y de noche".

---

169. El texto hebreo de la primera línea (v. 2) es una oración sin verbo. Las traducciones suelen añadir la cópula "está".

La poesía nos impacta aquí. Esto no es una delimitación literal de momentos específicos en los que uno debe deleitarse, sino que el uso del par temporal sugiere actos continuos y repetidos que están impregnados de deleite. La poesía coloca "deleite" y "meditar" uno junto al otro, abriendo la vida cotidiana al disfrute constante, durante "el día y la noche". Al final del versículo 2 toda la persona despierta a una vida que trae a la mente la instrucción del Señor.

El siguiente versículo nos lleva más profundamente al mundo de la imaginación. La vida relativa a la agricultura enmarca la imagen, haciendo que la selección de un "árbol" sea la más sensata (v. 3). Sin embargo, los lectores modernos pueden experimentar cierta demora en captar la fuerza de la imagen. En cualquier caso, necesitamos ser guiados hacia la comparación agrícola entre el árbol y el bienaventurado. Los detalles específicos del árbol, su género y demás, resultan irrelevantes. Es como si el poeta escribiera: "Piensa en un árbol, el árbol que primero venga a tu mente; ya sea un roble, una higuera o un olivo, no importa". Este árbol está "plantado junto a corrientes de agua". La interrelación entre "agua" y "árbol" es clara, independientemente del conocimiento ecológico: sin lo primero, lo segundo no vive. Sin embargo, el poema tiene en mente algo más que solo vivir.

Las siguientes tres líneas del versículo 3 dejan claro que se trata de *prosperidad*. En primer lugar, el árbol "da su fruto". Así, simplemente mantenerse vivo no es el propósito final de la imagen: el árbol está destinado a prosperar. Además, el fruto llega "a su tiempo". Tal afirmación puede parecernos extraña a muchos en la actualidad. En casi cualquier época del año podemos entrar a una tienda y comprar fruta que no es de la temporada en la región donde vivimos. Las naranjas se importan desde cualquier parte del mundo y las fresas aparecen en momentos inusuales, pero así es la economía moderna.[170] La economía alimentaria actual del mundo industrializado no es análoga al suministro regionalizado de

---

170. Véase además Norman Wirzba, *Food and Faith: A Theology of Eating*, 2ª ed. (Cambridge: Cambridge University Press, 2019), pp. 71-109.

alimentos del mundo antiguo. La pequeña frase "a su tiempo" nos lleva de regreso a la naturaleza del tiempo y el ritmo que presenta el poema. La línea impulsa al lector a imaginar no un árbol que da fruto *en todo momento*, sino uno que lo hace en su debido tiempo. En otras palabras, el árbol prospera de manera ordenada, de acuerdo con su diseño.

A través de la yuxtaposición poética de imágenes, nuestra alma se forma con expectativas: tiempo, estaciones, paciencia y, en general, un crecimiento lento (en contraste con lo instantáneo) llenan la mente a partir de la fuerza de esta imagen (cf. Juan 15). El lector que se deleita y medita en la instrucción del Señor debería anticipar la prosperidad como un resultado natural; sin embargo, el fruto solo está disponible cuando está listo. Al igual que los arbustos de moras que actualmente florecen en mi jardín trasero, el árbol o la persona bendecida pueden tardar meses o años en producir fruto. El ciclo del árbol próspero organiza nuestro corazón para las estaciones de la vida.

En segundo lugar, el *árbol floreciente* adquiere forma mediante su opuesto: "su hoja no se marchita". Durante un periodo de sequía o inundación, las hojas mantienen su salud. El poeta no presenta ninguna excepción a la metáfora de lo verde. Por otro lado, el *éxito* en "todo lo que hace" (v. 3) tiene contexto, y su alcance *no es ilimitado*. Como se mencionó, el árbol da fruto "a su tiempo", no en todas las temporadas. Por lo tanto, sería incorrecto leer rápidamente el versículo 3 como si sugiriera *éxito en todas las cosas* y pensar que nos esperan exclusivamente caminos despejados en la vida. Sin embargo, a través de su imagen, la poesía ha llevado la visión del lector a considerar cómo puede ser la vida. El salmista es plenamente consciente de otros caminos en la vida (v. 1), pero el árbol floreciente prepara el alma para una vida que da fruto.

El versículo siguiente (v. 4) establece certeza en la mente del lector mediante la yuxtaposición: "los impíos" y "los bienaventurados" no son lo mismo. Así como el bienaventurado recibió líneas llenas de imágenes, ahora los impíos muestran un contraste. Ellos son "como paja". Una vez más, vivimos en el mundo agrícola del poema, incluso si conocemos únicamente la era industrial. La palabra "paja" puede hacernos reflexionar, pero su sentido es bastante claro. Representa la cáscara desechada "que se lleva el viento" (v. 4). El poema no ofrece el mismo nivel de detalle para la imagen de la paja que para la del árbol (v. 3). Parece que el árbol, con su agua, fruto y hojas inquebrantables, proporciona capas a la invitación de la bendición, *en contraste* con la breve y plana presentación da la paja inservible.

Algo poco común en la poesía de los Salmos es que el versículo 5 comienza desarrollando la lógica del poema con una conexión sintáctica explícita: "Por tanto", se lee. Sabemos que lo que sigue tiene implicaciones que se derivan del versículo 4. Sin embargo, el poema en el versículo 5 mantiene una combinación de claridad y ambigüedad al extraer la lógica del versículo anterior. En términos de certeza, no hay duda de que el lector debe evitar la vida de los "impíos" y los "pecadores", pero la opacidad se introduce con el versículo 5. Por ejemplo, ¿qué significa *exactamente* que "no se sostendrán los impíos en el juicio"? ¿Es la implicación que no pueden estar presentes en el juicio? La segunda frase proporciona algo de claridad: "Ni los pecadores [se sostendrán] en la congregación de los justos". Aquí parece que no podrán experimentar la vida con la congregación. En cualquier caso, esto es un recordatorio de que la separación es parte esencial de la poesía de los Salmos.

La realidad de que los bendecidos prosperan y los malvados no pueden sostenerse en el juicio concluye de una manera simple pero profunda: "El Señor conoce" (v. 6). El último versículo cierra el poema; sin embargo, este *crescendo* teológico tiene una nota inesperada. La primera línea del versículo 6 produce transparencia y ánimo a los justos: el Señor conoce *su camino*.[171] La segunda frase guarda la

---

171. Sobre este uso del participio, que se traduce como "conoce", véase, por ejemplo: Christo H. J. van der Merwe, Jacobus A. Naudé y Jan H. Kroeze, A Biblical Hebrew Reference Grammar, 2.ª ed. (Londres: Bloomsbury T&T Clark, 2017), §20.3.3.1.

simetría de la primera. La palabra "camino" se repite con los "malvados" pero, sorprendentemente, el verbo de la línea A ("conoce") no lo hace. En cambio, "el camino de los impíos" sirve como sujeto de la última línea del poema; al hacerlo, carga la última línea con un recordatorio aleccionador: el camino de los impíos "perecerá". Una vez más, la yuxtaposición cumple su función.

Si leyéramos este poema rápidamente y nos animáramos a leer más la Biblia, creo que la poesía del Salmo 1 no habría sido escuchada. Este salmo describe la belleza de la bendición al destacar la facilidad y la destrucción de los caminos que se presentan ante el lector. Así, nuestro poeta nos lleva a los caminos inadecuados y detalla su naturaleza defectuosa; sin embargo, el corazón del salmo invita a la imaginación al mundo agrario para ver y experimentar la vida del bendecido. El camino de la imaginación está pavimentado con deleite y meditación. La vida de quien está inmerso en la instrucción del Señor prospera y florece. Los malvados, sin embargo, encuentran un final diferente ya que, en última instancia, su camino *perece.*

La última frase aporta un peso significativo a lo que, de otro modo, podría ser un salmo alegre. El poema declara que la vida no es un juego. La poesía traza una línea entre dos grupos: los impíos y los justos. El movimiento de la poesía no afirma que los justos lo son *porque* se deleitan en la instrucción del Señor. Los justos son justos: no se da más consideración sobre cómo lo son. Mientras que los justos tienen la disposición del deleite y la actividad de la meditación, no se enfatiza la causalidad de la justicia, sino el hábito de ella.

En resumen, simplemente leer la Escritura no es necesariamente un mecanismo que haga que todo en la vida salga bien. El deleite del bienaventurado se centra en Dios. La vida de los justos se sustenta en una confianza que proviene únicamente de Dios y de su Palabra. La imagen contrastante a lo largo del poema destaca lo efímero de los malvados y la seguridad de los justos. La yuxtaposición en todo el salmo proporciona una cálida invitación a la vida floreciente.

6

La apertura en la poesía

SALMO 3

Nadie conoce una vida sin sufrimiento. Oleadas de dolor atraviesan el tejido físico, emocional y social de la vida. La angustia es ineludible, aunque no todo sufrimiento es igual. El Salmo 3 nos lleva al corazón de la poesía de los salmos y a la vida en medio del dolor. Con palabras como "enemigos", "adversarios", "muchos", y otras más, esta poesía abierta ofrece una invitación a leer, orar, e incluso cantar junto al salmista.[172]

Tomar el Salmo 3 y experimentar su poesía puede calmar y también fortalecer el alma. Esto sucede al menos de tres maneras. Primero, el salmo dirige nuestra mirada hacia el dolor o sufrimiento que estamos experimentando (o podríamos experimentar). Es crucial, especialmente para muchos en el mundo occidental moderno, comprender que la idea de que las circunstancias del salmista sean

---

172. Una excepción notable es el encabezado: "Salmo de David, cuando huía de su hijo Absalón".

peores que las nuestras no es razón suficiente para ignorar el salmo o nuestro propio dolor. El propósito de este lamento en particular no depende de una comparación entre el salmista y el lector. Segundo, el salmo nos mueve a depositar nuestra confianza en el Señor *mientras* atravesamos el dolor. Tercero, el poema instruye a la persona de fe a clamar a Dios por ayuda y liberación. El poema no sugiere hablar con uno mismo ni autoanalizarse. Las palabras poéticas dan la bienvenida al alma desgastada a un hogar seguro, cálido, y bien abastecido. El visitante, agotado por la preocupación y el dolor, solo necesita buscar al anfitrión.

SALMO 3

¹ ¡Oh Señor, cómo se han multiplicado mis adversarios!
Muchos se levantan contra mí.
² Muchos dicen de mí:
«Para él no hay salvación en Dios». (Selah)
³ Pero Tú, oh Señor, eres escudo en derredor mío,
Mi gloria, y el que levanta mi cabeza.
⁴ Con mi voz clamé al Señor,
Y Él me respondió desde Su santo monte. (Selah)
⁵ Yo me acosté y me dormí;
Desperté, pues el Señor me sostiene.
⁶ No temeré a los diez millares de enemigos
Que se han puesto en derredor contra mí.
⁷ ¡Levántate, Señor!
¡Sálvame, Dios mío!
Porque Tú hieres a todos mis enemigos en la mejilla;
Rompes los dientes de los impíos.
⁸ La salvación es del Señor.
¡Sea sobre Tu pueblo Tu bendición! (Selah)

La primera línea establece el escenario. "Oh Señor" define el poema. Dicho de otro modo, el salmista no está simplemente expresando frustración al aire; el poema es una oración. Todo lo que sigue debe escucharse a la luz de ese marco. La oración, sin embargo, comienza con nada más que problemas. Las primeras dos frases dejan especialmente claro que los enemigos son muchos. La intensidad aumenta en la segunda frase con la advertencia de que muchos "se levantan contra" el salmista (v. 1).[173] Aun así, la apertura del poema permanece, ya que el texto sigue en silencio sobre qué tipo de batalla se tiene a la vista.

El siguiente versículo sitúa el sufrimiento en un marco *verbal*: las palabras de los enemigos quiebran los huesos. Muchos dicen de su vida: "Para él no hay salvación de Dios" (v. 2). Así, el discurso de los enemigos tiene un filo teológico. La poesía nos hace pausar. ¿Es cierto? ¿Acaso alguna liberación viene del Dios viviente? La pregunta no es teórica para el salmista; ni para el lector. Aquí, las frases destacan la potencial destrucción de las palabras; esta comprensión nos impulsa a considerar si la fe puede fallar a la luz de estas palabras, que buscan desmantelar la confianza en Dios.

La siguiente línea (v. 3) busca una respuesta que resuene contra la pregunta de los enemigos. Esta respuesta llega envuelta en proclamación. El salmista declara cómo Dios lo ha cuidado y, al hacerlo, subvierte el discurso de los enemigos. En lugar de decir "No, no es cierto", el salmista habla de la protección bondadosa de Dios. Para delinear esa protección en el Salmo 3, como es costumbre en los Salmos, la imagen hace el trabajo pesado. El salmista habla directamente a Dios: "Pero Tú, oh Señor, eres escudo" (v. 3). Al vivir y experimentar el mundo imaginado por un momento, sentimos que, no importa la flecha o la espada, el salmista sigue estando a salvo. La última palabra de la primera línea aclara la imagen. El escudo está "en derredor"

---

173. En este capítulo, al igual que en otros, estoy utilizando la versificación de la Biblia en español.

del salmista. Visualizamos en nuestra mente una seguridad que no tiene vulnerabilidad. El resto del versículo 3 nombra a Dios como la "gloria" del salmista y "el que levanta [su] cabeza". En respuesta a la afirmación de los enemigos de un Dios incapaz (o desinteresado), el salmista desafía a los mal informados recordando quién es Dios, y lo que Dios ha hecho en su propia vida.

En solo unos versículos, este salmo alienta a los lectores a recordar la vida con Dios. El testimonio del cuidado lleno de gracia de Dios en tiempos de necesidad no debe quedar en las páginas de la mente, polvoriento y sin usar. Estos momentos pasados dan testimonio del presente. Dios siempre nos ha cuidado. Dios nos cuida *ahora*. Este enfoque interpretativo no hace que Dios sea un proveedor automático de bendiciones (cf. los llamados amigos de Job), ni provoca detalles de cómo será la provisión en el presente. En cualquier caso, el flujo de la poesía muestra una ola imponente de adversidad y un llamado a desconfiar del cuidado de Dios, pero en medio de ese tumulto, el salmista no titubea. Dado que el lenguaje de la poesía está abierto a nosotros, sugiero que el salmo también debe movernos a mantenernos firmes.

A medida que el poema continúa, las frases se apilan una sobre la otra para dar más detalles. Dejando de lado el lenguaje metafórico de "escudo" y "levantamiento de la cabeza", el versículo 4 testifica de la oración respondida. En pocas palabras, el salmista clama con su voz al Señor, y "él me respondió desde su santo monte". Estos versículos de confianza ofrecen imaginación y descripción para los momentos de sufrimiento. Aunque el dolor llega en diversas formas, este salmo ya ha demostrado que el Señor escucha, cuida, y ofrece protección en la noche más oscura. La oración aquí no es paliativa, ni este poema es evidencia de que hablar al aire sea catártico. El Dios vivo escucha las oraciones del salmista y responde.

El versículo 4 por sí solo da estructura a nuestra fe. A veces la oración puede ser interpretada como frotar la lámpara para que un genio divino llegue y haga lo que se le ordene. En el otro extremo del espectro, la oración podría considerarse inútil: Dios, el gran árbitro de los asuntos del mundo, hará lo que quiera hacer, y la interacción con la humanidad a través de la oración es superflua. Esta visión vería la oración, en el mejor de los casos, como un acto rutinario de piedad; sin embargo, el salmo nos empuja en una dirección diferente. Rodeado de enemigos que no se impresionan por el Señor, el salmista recuerda la protección personal del Señor, específicamente a través de la oración respondida. Esto no es simplemente un anuncio o una calcomanía que declara: "¡La oración funciona!". En vez de eso, el poema ilustra el regreso a Dios en luchas profundas, ayudándonos a recordar el cuidado y la protección divina en nuestro pasado. De esta manera somos bienvenidos a tal recuerdo mediante el lenguaje poético del salmo.

El versículo 5 narra la respuesta calmada del salmista. *Se acostó, durmió y se despertó*. Este no es un modo de vida desinteresado ni desalentado. La teología vivifica el versículo aquí. Aunque los conectores lógicos y sintácticos son pocos en la poesía de los salmos, la última parte del versículo 5 da la razón explícita y teológica para el descanso inquebrantable: *"pues el Señor me sostiene"*.[174] La dependencia de Dios define la vida del salmista antes, durante, y después del sufrimiento.

Recordar el descanso y el sueño en momentos de caos parece extraño. Quizás sería más natural insistir en todos los detalles de las dificultades presentes, pero estos actos cotidianos de dormir y despertar son testimonio teológico. El testimonio de la poesía resuena en el momento moderno. El negocio del sueño está en auge. La razón, al menos en parte, es que somos criaturas inquietas, agitadas hasta altas horas de la noche por pantallas brillantes de distracción.

---

174. La elección del *yiqtol* aquí en hebreo es particularmente notable. No hay un fin a la vista para el cuidado sustentador del Señor en la vida del salmista. Véase también Bruce K. Waltke y Michael P. O'Connor, *An Introduction to Biblical Hebrew Syntax* (Winona Lake, IN: Eisenbrauns, 1990), §31.3.e.

Desesperadamente intentamos adormecer nuestro aburrimiento. Nuestro momento presente ofrece una oportunidad económica significativa. Las personas de ingreso promedio ahora se sienten obligadas, tal vez incluso con derecho, a comprar una cama que equivale a un pago inicial de una casa, todo bajo la promesa de un mejor sueño. La melatonina, una hormona antes desconocida para la persona promedio, ahora es una industria de suplementos dietéticos millonaria que incluso promueve productos en forma de gomitas para niños de tan solo tres años. Todo no está bien. En respuesta, este salmo, que no proporciona una cura para el insomnio, nos invita a considerar más a fondo nuestros ritmos diarios y, específicamente, la naturaleza de nuestra confianza. El salmista sabe que el Señor sustenta; la pregunta para nosotros es clara: ¿lo sabemos *nosotros*?

El poema no tiene dificultad para comunicar la confianza del salmista. La hipérbole sirve al versículo 6, ya que el salmista evidencia su confianza: "No temeré a los diez millares". Mientras los enemigos dudan e incluso tratan de sembrar duda en el salmista sobre si el Señor lo librará, la poesía se eleva con fuerza para confesar la certeza en el Señor. Esta confianza no es en absoluto infundada. Como se mencionó, el testimonio personal sigue siendo una señal constante que habla en defensa del salmista. La imaginación de "diez millares" de personas que no infunden miedo debería atraparnos y colocarnos firmemente sobre una roca segura en medio de las olas salvajes de la vida.

Solo después de detallar el tumulto y la falsa confianza de los enemigos, el salmista llama al Señor para que responda. La súplica es simple: "¡Levántate, Señor! Sálvame, Dios mío" (v. 7). Las dos frases cortas van de la mano. La petición de que el Señor se levante es clara y difusa a la vez. La claridad aparece en el verbo mismo: "levántate" da una postura física de atención y transmite estar listo para actuar. Dirigida al Señor, la llamada es, por supuesto, metafórica, pero el propósito de ese levantarse debe esperar a la segunda frase: "Sálvame".

Estas frases juntas nos ayudan a escuchar, en sonido envolvente, la sencilla pero profunda súplica de ayuda.

El lamento del Salmo 3 se centra en estas pocas palabras de súplica en el versículo 7. Esa observación aparentemente simple puede ser de gran ayuda para dar forma al alma. Mientras que la mayor parte del lamento hasta aquí ha mostrado las dificultades que rodean al salmista y cómo la reflexión teológica sirve para fortalecer la fe, la súplica en sí es corta y sencilla. Hay un tiempo y un lugar para oraciones largas y cargadas teológicamente, pero también debemos ser refrescados y desafiados al entender que la brevedad no es algo negativo. Clamar a Dios para pedir su liberación es un acto de fe, y este acto no necesita ser matizado o complicado. Se dice con frecuencia "vivimos en un mundo complejo", o "la vida es muy complicada"; de hecho, *complejo* y *complicado* son adjetivos suficientes para el presente, pero eso no implica que la fe profunda expresada en una oración breve no sea válida. Para aquellos con fe en el Dios viviente, la súplica del versículo 7 alienta, recuerda e ilustra cómo se expresa la fe, a la vez simple y profunda.

De manera similar a la conclusión del Salmo 1, la última parte del Salmo 3 sorprende o incluso repele al lector moderno. El salmista pasa sin esfuerzo de la breve y robusta súplica a dar una razón por la cual el Señor debería responder su oración. Los lectores modernos pueden sentirse incómodos al dar una razón (es decir, incluir una justificación de por qué Dios debería responder a la oración), pero sospecho que es el *contenido* de la razón lo que resulta más problemático. Las frases dicen: "Porque Tú hieres a todos mis enemigos en la mejilla; rompes los dientes de los impíos".[175] Sugiero que la imagen en

---

175. Descifrar el sentido del tiempo en la forma gramatical (*qatal*) en el v. 7 es especialmente difícil. Para un análisis y discusión sobre el lenguaje y el significado interpretativo, véase Stephen A. Geller, "The 'Precative Perfect' in Psalms and the Struggle of Faith", en *The Unfolding of Your Words Gives Light: Studies on Biblical Hebrew in Honor of George L. Klein*, ed. Ethan C. Jones (University Park, PA: Eisenbrauns, 2018), pp. 3-13

el versículo 7 está destinada a matizar nuestra visión de la protección del Señor. Así que, aunque uno pueda sentirse incómodo con la idea de que el Señor rompa dientes y golpee mejillas, recordemos que el salmista está subrayando los actos protectores de Dios. Como se vio en la imagen anterior del escudo que rodea, el poema de lamento del Salmo 3 demuestra a lo largo de sus versículos que el Señor cuida y defiende al salmista.

Las últimas líneas del poema (v. 8) unen "salvación" y "bendición". Esta última no se refiere solo al salmista, sino también al pueblo del Señor en general. El cierre señala que tanto la liberación como la bendición pertenecen al Señor. Así, en medio de luchas como estas batallas con enemigos, el poema fundamenta el lamento y la súplica en la realidad de que el cuidado, la preocupación y la protección son dones del Señor.

Este lamento forma nuestra alma antes, durante, o después de una temporada de dolor y lucha; a través de la apertura del lenguaje poético, el salmista nos invita a este diálogo de dolor y confianza. Recordamos de quién viene nuestra ayuda. Mientras que muchos hoy en día intentan adormecerse ante la realidad mediante narcóticos (ya sean recetados o no) o la llamada "ciberadicción", el salmo nos confronta. La poesía nos impulsa a tomar consciencia del dolor o sufrimiento real que experimentamos para que nuestra visión sea abierta y clara hacia nuestra tristeza; sin embargo, no nos quedamos ahí. Al igual que el poeta del Salmo 3, recordamos el cuidado pasado del Señor y también suplicamos ayuda y liberación en el presente. La confianza es la base de este tipo de súplica. No lanzamos oraciones contra una pared para ver cuál se pega, ni simplemente nos quejamos contra lo divino. La confianza reside en el Dios viviente, sabiendo que Él ama, cuida, y es capaz de responder a nuestros gritos de auxilio. "La salvación es del Señor": eso es una buena noticia para cualquier día, pero quizás especialmente para hoy.

7

La repetición en la poesía

SALMO 8

La repetición "podría provocar una sensación de frustración, aburrimiento" o insatisfacción, pero todos sabemos que "hace al maestro".[176] Para el gran interés de este libro, "la repetición... resulta ser una de las herramientas más significativas que tiene un poeta".[177] Así, al leer la Escritura es prudente preguntar: ¿cuál es el propósito de una frase que se repite dentro de un poema? En este capítulo mostraré cómo la repetición da forma a uno de los poemas más memorables de todo el Salterio (el Salmo 8), y a su vez llamaré la atención sobre cómo la repetición *nos* da forma.

El poema comienza y termina con la misma línea: "Oh Señor, nuestro Señor...".[178] En consecuencia, este salmo "interrumpe la

---

176. Sarah Houghton-Walker, *Wordsworth's Poetry of Repetition: Romantic Recapitulation* (Nueva York: Oxford University Press, 2023), p. 3.
177. Houghton-Walker, Wordsworth's Poetry, p. 6.
178. Recientemente, mientras visitaba una encantadora congregación en Inglaterra, un miembro abrió y cerró su oración intercesora con la primera y última línea del Salmo 8. Fue un tiempo de oración conmovedor e instructivo.

secuencia de oraciones por salvación" en los Salmos 3-7 "para decir algo muy importante acerca de Dios a quien se dirigen las oraciones: el Señor es el soberano cósmico cuya majestad es visible en todo el mundo".[179] El poema está estructurado por la recurrencia; en su conjunto, el salmo exhibe una "composición" que es "excepcionalmente armoniosa".[180]

La reiteración de la primera línea en el Salmo 8 sirve como un marcador de límite, dejando el principio y el final del poema uniformes. Las líneas le dicen al lector: "Aquí hay un poema completo y coherente; ¡sigue leyendo!". Sin embargo, la contribución puede sentirse más allá de su función como un simple límite. Al llegar al final del poema y volver a repetir la primera frase, experimentamos la poesía de manera diferente. La frase es la misma, sin duda, pero la recurrencia fortalece el alma al provocar el recuerdo de todo lo que le precedió, permitiendo que el Espíritu Santo moldee nuestras vidas con el conocimiento adquirido y las emociones experimentadas a lo largo del poema. Dentro de los bordes simétricos de la primera y última línea, el poema hace uso de la paradoja y juega con los límites del lenguaje. Ahora pasemos al Salmo 8 y abordemos el poema de principio a fin.[181]

---

179. James Luther Mays, *Psalms*, Interpretation (Louisville: John Knox, 1994), p. 65.
180. Samuel Terrien, *The Psalms: Strophic Structure and Theological Commentary*, Eerdmans Critical Commentary (Grand Rapids: Eerdmans, 2003), p. 126.
181. Para recordar, este libro no pretende abordar todos los problemas de la interpretación de los Salmos. Así, el importante y vasto tema de la cristología y los Salmos recibe poca atención aquí, pero no por falta de interés. Para un tratamiento exhaustivo de los Salmos que aborde tanto la exégesis como la teología, consulta Hubert James Keener, *A Canonical Exegesis of the Eighth Psalm: YHWH's Maintenance of the Created Order through Divine Reversal*, JTISup 9 (Winona Lake, IN: Eisenbrauns, 2013). Para un tratamiento del Nuevo Testamento, véase Michael Goulder, "Psalm 8 and the Son of Man", *New Testament Studies* 48, no. 1 (2002), pp. 18-29.

SALMO 8

¹ *¡Oh Señor, Señor nuestro,*
cuán glorioso es Tu nombre en toda la tierra,
Que has desplegado Tu gloria sobre los cielos!
² *Por boca de los infantes y de los niños de pecho has establecido Tu fortaleza,*
por causa de Tus adversarios,
Para hacer cesar al enemigo y al vengativo.
³ *Cuando veo Tus cielos, obra de Tus dedos,*
la luna y las estrellas que tú has establecido,
⁴ *Digo: ¿Qué es el hombre para que te acuerdes de él,*
y el hijo del hombre para que lo cuides?
⁵ *¡Sin embargo, lo has hecho un poco menor que los ángeles, y lo coronas de gloria y majestad!*
⁶ *Tú le haces señorear sobre las obras de Tus manos;*
Todo lo has puesto bajo sus pies:
⁷ *Todas las ovejas y los bueyes,*
y también las bestias del campo,
⁸ *Las aves de los cielos y los peces del mar,*
cuanto atraviesa las sendas de los mares.
⁹ *¡Oh Señor, Señor nuestro,*
cuán glorioso es tu nombre en toda la tierra!

Como en tantos salmos, la primera línea del versículo 1 comienza con el nombre revelado de Dios: el "Señor". Esta simple observación establece nuestras ideas y dirige nuestras mentes hacia Aquel de quien habla el salmista. En cuanto a su forma, el poema se llama propiamente himno. Por lo general, un himno puede pasar de hablar *sobre* Dios a hablar directamente *a* Dios; sin embargo, el Salmo 8 es el único himno que se dirige *al* Señor en cada frase.[182]

La segunda frase sigue al señalar la relación: este Dios es "Señor nuestro".[183] Es decir, nuestro Dios es nuestro maestro, o como diría otro salmo: *Pueblo suyo somos, y las ovejas de su prado* (Salmo 100:3). En el Salmo 8 queda claro que Aquel a quien el pueblo ora es Aquel a quien sigue. Para aquellos de nosotros que tomamos el Salmo 8 como Escritura poética, asumimos el mismo rol: Él es *nuestro Señor*.

La poesía del himno comienza a ampliar nuestra imaginación con la siguiente línea: "Cuán glorioso es tu nombre en toda la tierra". Esta frase fija en la mente la importancia del nombre de Dios en todo el mundo. La magnanimidad del Señor nivela al lector con la verdad de que es su mundo, y Él ha puesto su "honor por encima de los cielos".[184] Siendo eso tan impresionante, podemos sentirnos momentáneamente desconcertados por lo que sigue. El Señor ha "establecido fortaleza" en los lugares más inusuales: "la boca de los infantes y de los niños de pecho"; de alguna manera, esta es una fuente de "poder" (v. 2).

Con respecto a estos jóvenes, "el poeta podría haber tenido en mente la debilidad física y, al mismo tiempo, la fuerza infantil de la inocencia y la confianza".[185] En este punto, la poesía está en el umbral de lo racional; de alguna manera, las dos últimas líneas del versículo

---

182. Mays, *Psalms*, 65. Otros himnos de alabanza son Sal. 33, 47, 48, 65, 66, 67, 68, 76, 83, 87, 89, 96, 98, 99, 100, 103, 104, 105, 111, 112, 113, 114, 117, 135, 145, 146, 147, 148, 149 y 150. Véase Rolf A. Jacobson y Karl N. Jacobson, *Invitation to the Psalms: A Reader's Guide for Discovery and Engagement* (Grand Rapids: Baker Academic, 2013), p. 46.
183. Cabe destacar que la palabra "Señor" es distinta del nombre divino "SEÑOR". La primera también puede hacer referencia a las relaciones de las personas, como en Génesis 18:12; 23:6; 2 Samuel 15:15 (cf. Sal. 2:4; 16:2).
184. Sobre la dificultad textual de "desplegado" (*tǝnâ*) en v. 1, véase Susan Gillingham, *Psalms through the Centuries, vol. 2, A Reception History Commentary on Psalms 1–72*, Wiley Blackwell Bible Commentaries (Oxford: Wiley Blackwell, 2018), p. 73.
185. Terrien, *Psalms*, p. 129.

2 van aún más allá: "Por causa de [los enemigos del Señor]", él ha hecho esto. La obra de Dios cumple su propósito: "para hacer cesar al enemigo y al vengativo"; esta es una ilustración de cómo la poesía puede ampliar la mente. Por ejemplo, ¿cómo se relaciona la fuerza con los infantes y de alguna manera hace cesar a los adversarios? La poesía plantea la pregunta, pero no da una respuesta completa. Sin embargo, la paradoja de la fuerza y la debilidad nos anima en el momento moderno, cuando tantos luchan activamente y de manera feroz por el poder en todo el mundo: aprendemos que la fuerza bruta no tendrá éxito. Esta verdad nos prepara para el retrato de Jesús en los Evangelios, tanto en la encarnación como en su ministerio. En el reino de Dios, la fuerza es paradójica.

El poema pasa a una nueva escena en el versículo 3. Esta sección se relaciona con los dos primeros versículos e impulsa la alabanza y la reflexión teológica. Los objetos que el salmista resalta son "Tus cielos… la luna y las estrellas". El primero recibe una ampliación: los cielos son "obra de tus dedos". Con esta frase, el lector tiene una sensación gráfica de la destreza detallada. Al mirar los cielos, el salmista no presencia nada más que lo teológico. Esta es la obra de Dios, y esa realidad impulsa la adoración, tanto del salmista como de nosotros mismos.

De modo similar, "la luna y las estrellas" reciben ampliación: son lo que el Señor ha "establecido" (v. 3). El lenguaje de establecer y fundar va junto, especialmente con el Señor como agente (cf. Salmos 24:2). En el Salmo 8 vemos que Él ha fundado la fuerza y ha establecido la luna y las estrellas (vv. 2-3).

Tomados en conjunto, encontramos una imagen rica, cálida y poderosa del Dios Creador. A medida que las frases comienzan a apilarse dentro del poema, comenzamos a comprender nuestro lugar en el mundo. Vivimos en el anónimo "yo" de la primera persona en el versículo 3. Así, los vastos cielos y la considerable luna y estrellas no solo dejan al salmista, sino también a nosotros sintiéndonos pequeños, tal vez incluso insignificantes. No es de extrañar que el siguiente versículo (v. 4) considere la pregunta: "¿Qué es el hombre para que te acuerdes de él?".[186] Ciertamente, nos lleva a pensar que los seres humanos no somos lo suficientemente dignos como para exigir la atención de Dios. El Señor debe ser, sin duda, demasiado elevado para este tipo de cuidado e interés, ¿no es cierto? La línea B del versículo (v. 4) refuerza la maravilla: "¿Qué es el hombre... *para que lo cuides?*".

La estructura del salmo resalta los interrogativos. Susan Gillingham observa que, mientras el salmo "comienza y termina con alabanzas a Dios en los cielos" (vv. 1, 9), la interacción de Dios con la humanidad en el centro del poema resalta "el lugar del hombre en la tierra" (v. 4).[187] Las preguntas resuenan en nuestra imaginación, especialmente en el versículo 4; es como si el salmista estuviera esperando una respuesta.[188] La pregunta no busca una definición de la humanidad, sino claridad sobre *por qué* el Señor nos recuerda y visita.[189] Para aquellos de nosotros distraídos y aburridos con todo lo que la vida moderna nos ofrece, esta poesía atrae nuestra atención y exige nuestra devoción constante. Para recordar el capítulo 1, este poema merece nuestro esfuerzo en prestarle atención.

El poema no avanza hacia una respuesta directa a la pregunta "¿Qué es el hombre?". El siguiente versículo (v. 5), en cambio, da un giro para bosquejar la complejidad del orden creado. "Mediante un

---

186. Una lectura reflexiva y receptiva es Madipoane J. Masenya (ngwan'a Mphahlele), "¡La humanidad negra es hermosa! Leyendo a Biko y meditando en el Salmo 8", *Theologia Viatorum* 38 (2014), pp. 1-13.
187. Gillingham, *Psalms through the Centuries*, p. 72. La estructura del poema en relación con estas preguntas es más ajustada y evidente en hebreo que en español, porque se utiliza el mismo interrogativo a lo largo del texto (*mah*), que se traduce como "cómo" en los vv. 1 y 9, pero como "qué" en el v. 4; cf. Dieter Böhler, *Psalmen 1–50*, HThKAT (Freiburg: Herder, 2021), p. 167.
188. De interés, Juan Calvino encuentra que el Salmo 8 habla de la creación, mientras que el centro del salmo (vv. 4-5) tiene que ver con Cristo (ver Gillingham, *Psalms through the Centuries*, p. 78).
189. Mays, *Psalms*, p. 67

cambio repentino, el poeta continúa desarrollando su sentido de asombro", señala Samuel Terrien.[190] Mientras que la humanidad puede parecer insignificante (v. 4), el Señor lo hizo "un poco menos que los ángeles" (v. 5). La segunda frase del versículo 5 entonces se llena de especificidad: "gloria y majestad" se dan a la humanidad, o más específicamente, el Señor los corona. Así, sin usar nunca las palabras exactas, el poema presenta a la humanidad como reyes y reinas. Ahora nos vemos a nosotros mismos bajo una mejor luz: la luz de la Escritura. El resultado de repasar el salmo hasta ahora es una imagen multifacética del Señor y la creación, con especial atención a la humanidad.[191]

El salmista desentraña las interrelaciones de la creación. El Señor ha hecho que la humanidad gobierne sobre las obras de sus manos (v. 6). En consecuencia, los seres humanos tienen las obras de Dios como su dominio. La especificidad del alcance se encuentra en la siguiente frase del versículo 6: "Todo lo has puesto bajo sus pies". Este versículo señala que el mundo está bajo la dirección del Señor y que, dentro de él, la humanidad ejerce el gobierno.

La trama de los versículos 4-6 resalta que todo se debe al Señor: Él recuerda, viene y cuida, reduce, corona, hace señorear y pone. El Señor es el sujeto de cada frase.

El ritmo rápido y cortante del himno da al lector una visión correctamente formada para vivir: los seres humanos son receptores de la obra de gracia del Señor. Por lo tanto, mientras tenemos abundante oportunidad de pensar que somos los ingenieros de nuestra vida, debido en gran parte al mensaje de los medios modernos, esta poesía nos humilla. La gloria, el dominio y el cuidado de la humanidad encuentran su fuente solo en el Señor. Aunque hay momentos oscuros en la vida y en los salmos, este poema fortalece el alma mostrando la dependencia de la creación del Señor.

---

190. Terrien, *Psalms*, p. 130.
191. Esto es similar, aunque notablemente distinto, de Génesis 1–2.

Todo lo que está bajo los pies de la humanidad ahora se detalla. Desde los pájaros hasta las bestias, desde los peces hasta los rebaños, el poema especifica la mayordomía de la humanidad.[192] El enfoque ciertamente no está en *cómo* los seres humanos deberían cuidar, sino más bien en *qué* deberían cuidar. El poema nos ha llevado desde la gran visión del nombre del Señor a lo largo de la tierra, hasta la humanidad, que recibe gloria y corona, así como el ejercicio de ese dominio sobre la creación. Sin embargo, la última palabra no trata de las criaturas, sino del Creador.

Como se ha visto, el poeta enmarca el salmo con el nombre del Señor y coloca a la humanidad en el centro de ese marco. El flujo del poema ayuda a "situar a la humanidad en su fragilidad y grandeza entre la majestad de Dios" y el reino animal.[193] Además, podemos escuchar fácilmente "una sinfonía de deleite en el desarrollo de la teología" desde la primera frase del salmo.[194] El poema está respaldado por la teología del dominio de Dios, "una característica distintiva del Salterio", lo que significa que Dios gobierna y reina.[195] Con la repetición, este salmo nos ha guiado a la admiración y, a su vez, a adorar al Dios verdadero y vivo, el Creador, nuestro Rey.

---

192. Para un estudio más detallado sobre los animales en el Salmo 8 y más allá, ver Katharine Dell, "El uso de la imagen animal en los Salmos y la literatura sapiencial del antiguo Israel", *Scottish Journal of Theology* 53, no. 3 (2000), pp. 275-91.
193. Terrien, *Psalms*, p. 126.
194. Terrien, *Psalms*, p. 126.
195. Mays, *Psalms*, 66. Sobre el nombre del Señor en toda la tierra, Böhler interpreta este versículo junto con Éxodo 9:16 (*Psalmen 1–50*, p. 169), ya que lee todo el Salmo 8 en relación con los primeros capítulos de Éxodo, con un notable solapamiento en el vocabulario.

8

La paradoja en la poesía

SALMO 13

Sentirse solo en un mar de personas es una experiencia que muchos de nosotros hemos vivido. Compositores de canciones y poetas a menudo exploran este momento profundo y paradójico. Por más angustiante que sea esta sensación de aislamiento emocional, el Salmo 13 habla de algo más intenso. El salmista no solo experimenta soledad, sino también abandono: en particular, abandono *divino*. Este es uno de los eventos más complicados y angustiosos en el libro de los Salmos. Antes de intentar explicar el salmo, dejemos claro que las palabras de abandono del salmista no son solamente percepción. Este poema de oración tiene algo completamente rico y difícil para los lectores a través de los siglos. El Salmo 13 nos enfrenta a la paradoja de que Dios es tanto el problema como la solución.[196]

---

196. Recordamos la sabiduría de Agustín de que las Escrituras, en particular el Salmo 13, "adoptan nuestro idioma humano". Agustín de Hipona, *Exposiciones de los Salmos: 1–32*, trad. Maria Boulding (Hyde Park, NY: New City, 2000), p. 173.

SALMO 13

¹ ¿Hasta cuándo, oh Señor? ¿Me olvidarás para siempre?
¿Hasta cuándo esconderás de mí Tu rostro?
² ¿Hasta cuándo he de tomar consejo en mi alma,
teniendo pesar en mi corazón todo el día?
¿Hasta cuándo mi enemigo se enaltecerá sobre mí?
³ Considera y respóndeme, oh Señor, Dios mío;
Ilumina mis ojos, no sea que duerma el sueño de la muerte;
⁴ No sea que mi enemigo diga: «Lo he vencido»;
Y mis adversarios se regocijen cuando yo sea sacudido.
⁵ Pero yo en tu misericordia he confiado;
Mi corazón se regocijará en tu salvación.
⁶ Cantaré al Señor,
Porque me ha llenado de bienes.

Al igual que el Salmo 8, el Salmo 13 utiliza la repetición con un propósito específico. En este caso, el objetivo es dirigir la atención del Señor hacia la paradoja del dolor del salmista. El salmo comienza con una pregunta directa, cargada de retórica: "¿Hasta cuándo?". Como muchos poemas en la Escritura, estas palabras se dirigen *al* Señor, no simplemente hablan *acerca* del Señor. En el libro de los Salmos, poesía y oración se entrelazan de una manera casi indistinguible. La pregunta directa al Señor puede tomarnos por sorpresa. Hoy en día, algunos no se sienten cómodos lamentándose ante Dios de la manera en que lo hace el Salmo 13.[197] Creo que hay algunas razones para esto.

---

197. Esto es aún más relevante para una categoría más específica de lamento, concretamente los salmos imprecatorios. Para algunos trabajos importantes sobre este tema en relación con el contexto, véase David Tuesday Adamo, "The Imprecatory Psalms in African Context", en *Biblical Interpretation in African Perspective*, ed. David Tuesday Adamo (Lanham, MD: University Press of America, 2006); Solomon Olusola Ademiluka, "The Use of Imprecatory Psalms in African Context", *African Journal of Biblical Studies* 23 (2006), pp. 53-62.

Primero, muchos aprenden a orar a través del Padre Nuestro (Mateo 6:9-13). Esta oración, tal vez mejor llamada "La oración del discípulo", es significativa porque arraiga a los discípulos en un estado diario de dependencia de su Padre celestial; sin embargo, esta oración no está diseñada para abarcar la totalidad de la vida. No deberíamos esperar que cada situación en la vida de un peregrino encaje perfectamente en esta escritura que se recita con frecuencia.[198] Segundo, me parece probable que la presentación típica del "temor del Señor" tenga algo que ver con nuestra incomodidad para apropiarnos del Salmo 13. Esto puede parecer un tema fuera de lugar, pero no lo es. Normalmente, escuchamos que el "temor del Señor" significa asombro reverencial (cf. Proverbios 1:7).[199] Esta frecuente interpretación es válida hasta cierto punto, pero si la reverencia respetuosa, especialmente en el sentido de cortesía, es fundamental para la fe, entonces este intenso salmo de lamento no encuentra cabida en la vida de la iglesia.[200] En tercer lugar, muchos (aunque no todos) consideran más apropiado reprimir la frustración, la angustia y la incertidumbre en lugar de expresar estos sentimientos inquietantes. Incluso en una época de supuesta autenticidad, es más probable que alguien publique una queja sobre la vida en las redes sociales en vez de lamentarse ante Dios por la situación dada.

La poesía tiene potencial. Este modo de lenguaje puede sostener tensiones de una manera a la que la mayoría de nosotros no estamos acostumbrados. Por ejemplo, algunos estudiantes que conozco se enredan con las dos primeras líneas del versículo 1. "¿Cómo puede ser esto?", preguntan. Sugieren que tal vez el salmista ha malinterpretado

---

198. Aunque, notablemente, tanto el Salmo 13 como el Padrenuestro se centran en la dependencia.
199. "El temor del Señor" (por ejemplo, Salmos 19:9) puede implicar una reverencia asombrosa, pero ciertamente es más que eso (por ejemplo, Eclesiastés 12:13). Para un tratamiento bíblico y teológico, véase Tremper Longman III, *The Fear of the Lord Is Wisdom: A Theological Introduction to Wisdom in Israel* (Grand Rapids: Baker Academic, 2017).
200. Esto no implica que el salmo sea irreverente.

a Dios. Consideran la posibilidad de que Dios haya cambiado de manera bastante drástica al llegar al Evangelio de Mateo. Tal reflexión teológica está tenuemente iluminada y necesita la luz de la Escritura, especialmente ante la siempre presente sombra de Marción.

La repetición de la pregunta "¿Hasta cuándo?" afila el filo emocional de la oración. El salmista no suelta el tema. Vemos aquí algo de la sustancia de la fe. Con esto, la recurrencia de la pregunta del salmista instruye al lector. La primera frase resuena con una acusación: "¿Me olvidarás para siempre?". Esta acusación oscila entre lo pasivo y lo activo. Mientras que olvidar es más bien un acto pasivo, el salmista parece estar diciendo que el Señor está eligiendo *no recordar* intencionalmente.[201] La siguiente frase intensifica la carga. El salmista afirma que el Señor está escondiendo su rostro de él. La pregunta sigue siendo: "¿Hasta cuándo?". La poesía aquí apila las frases para que la emoción ruja y deje un eco reverberando en un cielo aparentemente vacío. No hay respuesta, al menos todavía no.

La pregunta más concreta llega al final. El salmista pregunta: "¿Hasta cuándo mi enemigo se enaltecerá sobre mí?". Estas palabras detallan la realidad presente del salmista y, al mismo tiempo, afirman que el Señor ni ha recordado ni ha mostrado su presencia a través de la liberación. En otras palabras, el enemigo victorioso evidencia la realidad de que el Señor no protegió al salmista. Como era de esperar, el poema es profundamente teológico.

A pesar de la incomodidad que algunos de nosotros podríamos sentir al orar este salmo a Dios, sugiero que la tensión es intencional por parte del poeta. El lenguaje generalizado del sufrimiento y del enemigo podría encajar en diferentes vidas en distintos momentos. Además, cuando tomamos distancia y nos damos cuenta de que estamos leyendo esta oración dentro de la Escritura, vemos con mayor

---

201. Para una discusión perspicaz sobre el recordar en el Salterio, véase Megan Daffern, "The Semantic Field of 'Remembering' in the Psalms", *JSOT* 41 (2016), pp. 79-97.

claridad cómo tratar este poema. Dios no rehúye escuchar oraciones que comienzan con "¿Hasta cuándo...?". El salmo testifica que Dios no se inmuta ante preguntas más específicas y, aparentemente, inapropiadas como "¿Me olvidarás para siempre?" o "¿Esconderás de mí tu rostro?". De modo crucial, estas preguntas están cargadas de teología; hablan en el lenguaje de la confianza, aunque no usen explícitamente la palabra.[202] El salmista reconoce que el mundo pertenece al Señor y, como tal, su propia vida es también de interés para el Señor.

El lamento demuestra una expectativa de que Dios escuchará. Como se ha señalado, esto no implica una visión mecanicista de la fe; en cambio, es una mirada profundamente aleccionadora al sufrimiento que se aferra con fuerza a la paciencia, el cuidado y el amor de Dios. Dicho de otro modo, las dos primeras frases del poema parten de que Dios *recuerda* y *muestra su rostro* al salmista. El problema es que las circunstancias del salmista le llevan a percibir lo contrario: que el Señor lo ha *olvidado y ha escondido su rostro*. Sin embargo, y este es un punto crucial para los lectores modernos, la fe no se desecha a causa de la situación. De hecho, el sufrimiento conduce al salmista a sumergirse más profundamente en las aguas de la confianza.

El salmista pasa del lamento a la súplica casi sin aviso. Después de formular cuatro preguntas que comienzan con "¿Hasta cuándo?", el salmista clama al Señor por ayuda. Ambas frases del versículo 3 están enmarcadas en metáforas con un matiz profético. El salmista pide al Señor que mire. Al parecer, una vez que el salmista ha captado la atención del Señor, la expectativa es que el Señor "responda" (v. 3a).

La siguiente línea, como de costumbre, se vuelve más precisa.[203] El salmista pide al Señor: "ilumina mis ojos" (v. 3b). La "luz" a menudo

---

202. Sin embargo, el lenguaje explícito de confianza sí aparece en el versículo 5.
203. Véase más sobre esto en David J. A. Clines, "El paralelismo de mayor precisión: Notas de Isaías 40 para una teoría de la poesía hebrea", en Directions in Biblical Hebrew Poetry, ed. Elaine R. Follis, JSOTSup 40 (Sheffield: JSOT Press, 1987), pp. 77-100.

se relaciona estrechamente con la "salvación" en la Escritura.[204] La imagen poética nos impulsa no solo a entender la súplica, sino a *sentirla*. El salmista desea *ver*. El fraseo aquí es multivalente. Sin duda, el primer sentido que utiliza la súplica poética es el de la vida física del salmista (como lo aclara la siguiente frase); sin embargo, el lenguaje metafórico también podría extenderse para significar que el salmista verá la vida, así como a Dios, con mayor claridad. Esta conexión proviene de las dos frases iniciales. La situación actual muestra el rostro del Señor como *escondido*. Si Dios atiende la súplica del salmista, entonces la presencia de Dios *será vista* (al menos en parte).

Los lamentos nos proporcionan el lenguaje de la fe. Este lenguaje nos ayuda a vivir la vida con Dios al mostrarnos que Él no está esperando simplemente cumplir nuestras órdenes, ni tampoco está tan distante e indiferente como para que no debamos clamar a Él. De hecho, el salmista especifica razones por las cuales el Señor debería "iluminar" sus ojos. Estas razones sirven para fundamentar la oración y también instruyen al lector. La argumentación es general, pero sustancial: el salmista dormirá "el sueño de la muerte" (v. 3b). Subyacente a este razonamiento está la simple verdad de que la vida es buena.[205] Esto no pretende minimizar el papel de la Caída ni restar importancia a la era venidera, sino desafiar la idea de que la vida física presente no es sustancialmente buena, o que tan solo estamos en una especie de sala de espera antes de la era futura.[206]

La muerte implica más que la ausencia de la vida. La preocupación del salmista se centra en la jactancia y el regocijo del enemigo

---

204. Véase Isaías 2, 5 y 42.
205. El Antiguo Testamento promueve frecuentemente la bondad de la vida. Véase Brent A. Strawn, ed., *The Bible and the Pursuit of Happiness: What the Old and New Testaments Teach Us about the Good Life* (Oxford: Oxford University Press, 2012), pp. 3-136.
206. Un constante aguijón en el costado para la visión de la vida como sala de espera se puede ver en los escritos de N. T. Wright; véase, por ejemplo, Wright, *Surprised by Hope: Rethinking Heaven, the Resurrection, and the Mission of the Church* (Nueva York: HarperOne, 2008).

ante su muerte. Lo que está en juego sería algo similar a lo expresado en el Salmo 3: tal vez el Señor no es realmente Dios. Quizás Dios no se interesa mucho por el salmista, o es incapaz de protegerlo. En cualquier caso, la muerte del salmista serviría como testimonio de la fuerza de su enemigo en contraste con la del propio Dios. Como ocurre a menudo en los Salmos, una o dos frases poéticas tienen la capacidad de condensar cuestiones que son teológicamente ricas y profundas.

Los versículos finales del poema desafían a los intérpretes. Los lectores no están del todo seguros de cómo reconciliar el versículo 5 con el lamento y la súplica previos. Tal vez, el paso de la súplica a la expresión de confianza sea un cambio temporal. Es posible que el salmista esté cronológicamente al otro lado del dolor en el versículo 5. En otras palabras, *ha experimentado la salvación* del Señor; sin embargo, es completamente razonable que el salmista pronuncie estas frases de confianza *en medio* del sufrimiento y el lamento.[207] En cualquier caso, la poesía demuestra que delimitar estas opciones resulta inconsecuente. La acumulación de líneas, la ausencia de conectores lógicos y temporales, y la sintaxis comprimida de la poesía en general hacen que el versículo 5 sea tanto desconcertante como revelador.

La confusión ya se ha señalado en la incapacidad de discernir la relación temporal precisa entre el versículo 5 y los versículos 1-4. La iluminación surge en la interrelación entre la confianza, la alabanza y el lamento. Estos elementos, quizás impactantes para algunos lectores modernos, proporcionan una forma natural al alma del lector. Confianza y lamento, paradójicamente, van de la mano.

---

207. Tiendo a pensar que, en este salmo, se está expresando confianza durante el tiempo del sufrimiento. La gramática y la sintaxis apoyan esta idea. La primera línea, por ejemplo, dice: "he confiado" (*qatal*), y la segunda dice "me regocijaré" (*yiqtol*). Ciertamente, el sistema verbal en la poesía hebrea no siempre se desarrolla de manera sistemática, pero estas líneas parecen funcionar perfectamente como evidencia de confianza presente y alabanza futura, destacando así la confianza en el Señor para la futura liberación

La confianza está especificada en el Salmo 13. El salmista la ancla explícitamente en la "misericordia" del Señor.[208] Esta palabra, "misericordia" (*hesed*), ha demostrado ser difícil de traducir.[209] El matiz exacto puede ser complicado de discernir en hebreo y aún más problemático en la traducción. No obstante, el salmista descansa con confianza en la "misericordia" del Señor. Hay una fidelidad constante en el Señor, en contraste con el amor efímero como la neblina que caracteriza a la humanidad. A lo largo del Salterio, los salmistas confían en la misericordia de Dios y batallan con ella: a veces, como en el Salmo 13, descansan en ella; otras veces, como en el Salmo 85, ruegan a Dios que les muestre su misericordia.

El Dios de misericordia también es llamado "Dios mío" (v. 3). Dadas las circunstancias, el adjetivo "mío" casi nos desconcierta. El Señor es quien vio la aflicción de los israelitas y escuchó sus clamores (Éxodo 3:7), y ahora el salmista pregunta: "¿Hasta cuándo, oh Señor? ¿Me olvidarás para siempre? ¿Hasta cuándo esconderás de mí tu rostro?". Invocar este nombre del pacto, "Señor", junto con "Dios mío" parece casi incorrecto, considerando la situación del salmista, pues ¿dónde está este Dios de liberación que ve y oye? Apelar al nombre de Dios parece como si el salmista estuviera confiando en el carácter de Dios en una situación en la que no está experimentando la protección del Señor: es una petición basada en quién es Dios, en lugar de las circunstancias presentes.[210]

Las dos siguientes líneas despiertan la imaginación sobre cómo actúa la "misericordia" en la vida del salmista. Esta *misericordia* ciertamente tiene algo que ver con la "salvación", pues el salmista suplica: "Mi corazón se regocijará en *tu salvación*" (v. 5). La fidelidad constante

---

208. Notablemente, está el pronombre sujeto "yo" (*ănî*) encabezando la línea. El pronombre es sintácticamente innecesario (ya está en *bāṭaḥtî*) y especifica un sujeto en primera persona de singular. Así, el pronombre habla de algún tipo de enfoque pragmático.
209. Carsten Ziegert, "¿Qué es חֶסֶד [*hesed*]? Un enfoque semántico enmarcado", JSOT 44 (2020), pp. 711-32.
210. Agradezco a Sarah Haynes por varias observaciones en este párrafo.

del Señor habla de su fortaleza y cuidado para liberar al salmista. El poema concluye en el versículo 6 con el salmista diciendo "cantaré al Señor, porque me ha llenado de bienes".[211] La frase final parece estar enmarcada en ternura, tal vez evocando la imagen de una madre que amamanta (cf. 1 Samuel 1:23). La rápida sucesión de líneas ha pasado de lamento a súplica, de súplica a confianza, y finalmente de confianza a alabanza.

Este salmo da testimonio de dolor y súplica. La paradoja de la poesía moldea el alma primero al dirigir la atención a las duras realidades de la vida. Las descripciones punzantes no se suavizan en la oración del salmista al Dios viviente. De hecho, se afilan aún más al ser dirigidas *al* Señor, pues el salmista reconoce que el Señor desempeña un papel en su experiencia de dolor. Si el Señor recordara y mostrara su rostro, la situación no sería como es (cf. Salmos 13:1). Esto no es una simple queja ni una liberación emocional. El salmista, en medio de todo el dolor, suplica al Señor que "considere" y que "ilumine [sus] ojos" (v. 3). Si el Señor no lo hace, todo está perdido (vv. 3-4). A pesar de la gravedad de la situación, resuena la esperanza (v. 5). No solo eso: el salmista declara un futuro de cánticos y alabanzas al Señor (vv. 5-6) en contraste con los enemigos, que se regocijan en la derrota del salmista (v. 4).

Como individuos y comunidades, este salmo nos instruye (mente, cuerpo y alma) a no sentir vergüenza de estar en una necesidad desesperada de la ayuda de Dios. El tono y las palabras no necesitan ser moderados cuando oramos para que Dios trastorne, cambie o rectifique el dolor, cualquiera que sea su marco particular. A través de todo esto, la confianza es necesaria. Es esencial para nosotros confiar en que Dios puede oír, cuidar y hablar a nuestro sufrimiento. Cuando lleguen las dificultades (y llegarán), no necesitamos recurrir a los medios para adormecer nuestra mente, ni embriagarnos para olvidar,

---

211. El verbo "cantar" está marcado típicamente como permisivo o de petición: "¡Déjame cantar!".

ni hacer ejercicio obsesivamente para aumentar la autoestima. En lugar de eso, suplicamos a Dios por ayuda y liberación. Este poema nos lleva al oscuro sótano del alma: sentimos el dolor mientras leemos y escuchamos la poesía. Sin embargo, el lamento no es la última palabra; la alabanza triunfa.

9

La metáfora en la poesía

SALMO 42

"Anhelo" es una palabra curiosa. No la usamos con mucha frecuencia. Cuando lo hacemos, generalmente evoca ideas de estar enfermos de amor, separados por kilómetros de nuestras parejas. El anhelo y todas sus connotaciones emocionales suelen asociarse con este salmo.[212] El beneficio de esta asociación es que resalta los afectos hacia Dios; la desventaja, que no es menor, es que el anhelo tiende a desviar el peso de las imágenes bíblicas. El salmista inicia el poema con un grito de desesperación, pero sin ningún sentido romántico; por lo tanto, el lector que comienza el poema imaginando el anhelo de dos amantes está en un camino completamente equivocado.

Leer metáforas en los Salmos puede ser difícil. Nos separan el tiempo, el idioma y la cultura; sin embargo, no estamos en desventaja. En las últimas décadas se han desarrollado muchas herramientas para abordar esta distancia entre nosotros y la Escritura. Una

---
212. Véase, por ejemplo, Salmo 42: *Como el ciervo anhela las corrientes de agua...*

herramienta esencial, aunque poco utilizada, para comprender e interiorizar las imágenes de la poesía, como se señaló anteriormente en el capítulo 3, es la *paciencia*. Puede sonar completamente trivial, pero la paciencia con las metáforas de la Escritura ofrece mucho a los lectores. A primera vista, la contribución de la paciencia es una comprensión más clara del lenguaje de la Biblia. Más allá de eso, hay un trabajo más profundo que se agita bajo la superficie. Ser pacientes con las palabras simultáneamente moldea nuestra alma. En un momento dominado por soluciones rápidas, trucos para todo y el "microondas" como metáfora de la vida, los seres humanos necesitamos recordatorios constantes de adoptar un ritmo pausado. Así que, en lugar de leer apresuradamente o intentar llegar rápido al punto del poema, abramos el Salmo 42 y dejémonos instruir por sus imágenes.

SALMO 42

Para el director del coro. Masquil de los hijos de Coré.

> [1] *Como el ciervo anhela las corrientes de agua,*
> *así suspira por Ti, oh Dios, el alma mía.*
> [2] *Mi alma tiene sed de Dios, del Dios viviente;*
> *¿Cuándo vendré y me presentaré delante de Dios?*
> [3] *Mis lágrimas han sido mi alimento de día y de noche, mientras me dicen todo el día: «¿Dónde está tu Dios?».*
> [4] *Me acuerdo de estas cosas y derramo mi alma dentro de mí;*
> *De cómo iba yo con la multitud y la guiaba hasta la casa de Dios,*
> *Con voz de alegría y de acción de gracias, con la muchedumbre en fiesta.*
> [5] *¿Por qué te desesperas, alma mía,*
> *y por qué te turbas dentro de mí?*
> *Espera en Dios, pues he de alabarlo otra vez*
> *por la salvación de Su presencia.*

⁶ Dios mío, mi alma está en mí deprimida;
Por eso me acuerdo de Ti desde la tierra del Jordán,
Y desde las cumbres del Hermón, desde el monte Mizar.
⁷ Un abismo llama a otro abismo a la voz de Tus cascadas;
Todas Tus ondas y Tus olas han pasado sobre mí.
⁸ De día mandará el Señor Su misericordia,
y de noche Su cántico estará conmigo;
Elevaré una oración al Dios de mi vida.
⁹ A Dios, mi roca, diré: «¿Por qué me has olvidado?
¿Por qué ando sombrío por la opresión del enemigo?».
¹⁰ Como quien quebranta mis huesos, mis adversarios me afrentan,
Mientras me dicen todo el día: «¿Dónde está tu Dios?».
¹¹ ¿Por qué te desesperas, alma mía,
Y por qué te turbas dentro de mí?
Espera en Dios, pues lo he de alabar otra vez.
¡Él es la salvación de mi ser, y mi Dios!

La primera frase del poema compara el alma del salmista con un animal: "Como el ciervo anhela" (v. 1). Al leer esta línea, nuestra imaginación se abre a un mundo de posibilidades. Por ejemplo, ¿qué anhela el ciervo? ¿Cuál es el propósito de la comparación? ¿Hacia dónde pretende llevarnos esta imagen? Cualquiera que sea la respuesta, la comparación con el ciervo nos recuerda que la Escritura está profundamente arraigada en el mundo natural; sin embargo, la imagen no exige que escarbemos en libros o en la tierra para comprender los muchos detalles y matices del animal. El resto de la línea establece el límite de cómo esta imagen podría enseñar al lector.

Las "corrientes de agua" atraen al ciervo a anhelar. Es de conocimiento común que los animales necesitan agua para vivir. Ciertamente, la cantidad necesaria varía entre las especies del reino animal, pero el agua es imprescindible. A partir de este hecho tan simple, nuestras mentes pueden comenzar a imaginar qué se estaría desarrollando a partir de la comparación. La desesperación probablemente surge en primer lugar en nuestra mente. Si algo tan necesario como el agua está distante, entonces la angustia está siempre presente. Para el ciervo, la vida se encuentra en las corrientes de agua. Esa conciencia del límite de la imagen nos impulsa a avanzar para encontrar la contribución de la comparación.

El alma del salmista se asemeja al ciervo: ambos braman. La diferencia clave radica en el objeto. La frase que avanza las líneas es "por ti" (v. 1). Con esto sabemos que el salmista no está hablando *acerca de* Dios, sino dirigiéndose *a* Dios. El encadenamiento de las líneas muestra que "Dios" y "las corrientes de agua" se corresponden. La fuerza de esta observación no es que Dios sea como el agua en un nivel general, sino que la relación del agua con el ciervo enmarca la relación de Dios con el salmista. Es decir, la necesidad y la desesperación son notas destacadas. La razón de la distancia entre el salmista y el Señor no está clara en este punto, pero la oscuridad de la desesperación es palpable.

El segundo versículo despierta la imaginación y también reitera la imagen. El salmista dice que su "alma [vida] tiene sed de... Dios". El lenguaje metafórico de la sed encuentra una expresión concreta en otros lugares del Antiguo Testamento. Por ejemplo, los israelitas, después del éxodo de Egipto, "el pueblo tuvo sed allí" (Éxodo 17:3). Inmediatamente, "murmuró el pueblo contra Moisés". En nuestro salmo, la expresión de desesperación no es realmente por agua, sino por Dios. La imagen se conecta con la frase final de la línea: "del Dios viviente" (v. 2). Proveniente del primer versículo, imaginamos arroyos vivos o corrientes de agua. No se vislumbra un charco estancado. La imagen del flujo acuático nos lleva a considerar la percepción del salmista acerca de Dios. Como el agua, Dios es la fuente de la vida. Esta visión de Dios produce emoción y claridad. Dios es donde se encuentra la vida; por lo tanto, es bueno estar en una necesidad urgente de Él.

La siguiente frase del versículo 2 convierte la imagen en una pregunta directa: "¿Cuándo vendré y me presentaré delante de Dios?". La pregunta está sustentada por la idea de que, si el salmista está en la presencia de Dios, entonces su vida será sostenida. Quizás, de varias maneras, podríamos decir: "El salmista *vivirá*". Esta sencilla pregunta del *cuándo* nos recuerda, en nuestra época de distracción, quién es Dios. De todos los lugares, personas y cosas a las que el salmista podría haber dirigido su mirada, Dios es en quien la vida florece (v. 1). Estos versículos iniciales nos instruyen sobre nuestra dependencia y preparan nuestra alma para futuros momentos de necesidad.

La angustia impregna la línea siguiente (v. 3). La imagen del agua permanece mientras el salmista pasa al lamento; sin embargo, el lenguaje metafórico se mezcla al describir cómo las "lágrimas" del salmista se han convertido en su "alimento [pan]". El agua y el alimento se fusionan de una manera peculiar. Subrayando el intenso dolor, la poesía agrega "de día y de noche". En la economía de las palabras, esta adición no debe pasarse por alto. Los marcadores de tiempo y los conectores lógicos no son necesarios en la poesía debido a su aprecio por la apertura, la ambigüedad y la medida concisa. Estas elecciones de palabras aumentan de manera contundente la intensidad del poema.

El motivo de la tristeza del salmista es verbal. Anónimos y atrevidos, algunos le dicen al salmista "todo el día, ¿Dónde está tu Dios?'" (v. 3). A lo largo del Salterio, las palabras de otros son puntiagudas y violentas. La agudeza de su discurso presiona contra la garganta del salmista, tal vez forzándolo a estar de acuerdo, al menos en parte: En efecto, "¿Dónde está [mi] Dios?". El salmista sabe que Dios es vida, pero los arroyos de lo divino están a la distancia.

Las realidades disparan recuerdos. Esta verdad tiene un doble filo. Para el salmista, la distancia entre él y el Dios vivo inunda su mente con recuerdos de caminar "a la casa de Dios" (v. 4). Ese caminar estaría lleno de "voz de alegría y de acción de gracias, con la muchedumbre en fiesta" (v. 4). La imaginación trae de regreso el sabor del gozo a la boca del salmista, pero no se pierde de vista el dolor presente. El salmista pregunta: "¿Por qué te desesperas, alma mía, y por qué te turbas dentro de mí?" (v. 5). Dolor, desesperación y preguntas sobre la presencia de Dios se arremolinan; sin embargo, el recuerdo del gozo y la acción de gracias mueve al salmista a reconsiderar. La situación presente no es sin sentido, pero el dolor tampoco define al salmista. Aquí se nos recuerda no descartar ni pasar por alto los diversos dolores de la vida, y al mismo tiempo no confundir nuestro dolor con nuestra identidad.

El salmista se dice a sí mismo: "¡*Espera* en Dios!" (v. 5). Lejos de ser un simple discurso motivacional o un llamado a levantarse por sí mismo, este mandato se basa en la verdad de que Dios es "el Dios viviente" (v. 2). Hay una línea fina, casi indistinguible, entre "esperar" y "esperanzarse" en el Antiguo Testamento. Por ejemplo, el profeta Samuel le dice a Saúl que baje a Gilgal y "*esperarás* siete días hasta que venga a verte" (1 Samuel 10:8). Tanto en el texto de Samuel como en el salmo, esto implica una espera constante. En el caso de 1 Samuel, el rey Saúl no obedeció las palabras del profeta. Sin embargo, el salmista toma en serio el esperar y esperanzarse en Dios (Salmos 42:5).

La visión del salmista es clara. Él espera y confía con una seguridad adecuada en que aún dará gracias a Dios: ¡la liberación está en la presencia de su Dios! (v. 5). Hay mucho que queda sin decir en esta línea. Por ejemplo, ¿cómo llega el salmista a este tipo de confianza? La respuesta se encuentra, en parte, en las líneas siguientes. El salmista reflexiona en la razón del abatimiento de su alma (v. 6). Sus palabras plantan su dolor en la memoria del lector: tristeza, desesperación y sufrimiento. Una vez más, en un uso inesperado de un conector lógico, el salmista dice: "Por eso me acuerdo de ti" (v. 6). Este movimiento de línea en línea construye un andamiaje en nuestra alma para que Dios pueda comenzar a obrar en nosotros. En un estado de abatimiento podemos recordar al Dios vivo, tal como lo hace el salmista.

La poesía nunca reprende un espíritu abatido, como si fuera algo inherentemente incorrecto. De hecho, la situación detallada en el versículo 3 parece mostrar un espíritu menos que gozoso como una experiencia humana normal. Ya hemos seguido el movimiento del salmista, repasando las palabras cortantes de otros y, a su vez, recordando el acto de adoración y acción de gracias extendido por la comunidad (v. 4). Sin embargo, aquí en el versículo 6, el salmista abatido no recuerda actividades de fe, ¡sino al propio Dios! La poesía nos enseña a hacer lo mismo.

Regresamos de nuevo a las palabras "día" y "noche" (v. 8). En nuestro encuentro anterior, las lágrimas del salmista eran su alimento. Ahora, el Señor envía su amor constante *cada día* (v. 8). Al recordar a Dios (v. 6), el salmista ha despertado al hecho de que Dios envía su propio amor constante. El significado completo del amor del Señor permanece abierto por el momento; sin embargo, nuestros corazones son entrenados para comprender que el propio Dios envía su amor a las criaturas humanas. En un salmo cargado de dolor, la poesía nos recuerda los actos constantes del Dios vivo. Cuando nuestras oraciones parecen no pasar del techo, la verdad teológica de la misericordia del Señor abre nuestra imaginación a lo que es realmente la vida.

La poesía no se mueve de manera secuencial, y el siguiente versículo (v. 9) sirve como un claro ejemplo de ello. Mientras dejamos lo que parece ser un tono casi feliz de misericordia constante, oración y canto, nos movemos sin advertencia hacia la oscuridad. La primera línea del versículo 9 ancla el salmo en la confianza: "A Dios, mi roca". En la mayoría de los casos, Dios como roca habla del cuidado protector y seguro que el Señor ofrece. Es una imagen de confianza. Este uso de la imagen tiene mucho sentido a la luz de las notas previas sobre los actos diarios de Dios (v. 8).

El resto de la primera frase (v. 9) plantea una pregunta (cf. Salmos 13): "¿Por qué me has olvidado?". La pregunta, aparentemente irreverente e inapropiada, surge del conocimiento y la confianza en el Señor. Como antes, muchos lectores modernos se sentirían incómodos haciendo una oración así; sin embargo, este salmo reorganiza nuestra mentalidad moderna para que podamos sentarnos cómodamente en un espacio de certeza e interrogación. De hecho, es precisamente *porque* el salmista confía en el Señor que puede hacer este tipo de preguntas.

El salmista avanza con su segunda pregunta: "¿Por qué ando sombrío?" (v. 9). La imagen nos recuerda que la salvación y la liberación a menudo están representadas por la luz, mientras que el peligro, la confusión y la necesidad en general pueden estar marcados por la oscuridad (cf. Salmos 35:6; 139:11). El trasfondo en las preguntas del salmista es que el Señor puede manejar los acontecimientos para que el salmista no camine más en tinieblas. La segunda mitad del versículo 9 pone la oscuridad en una expresión concreta: la opresión del "enemigo". Esta línea hace que el poema haga una transición de nuevo a la descripción directa de los enemigos. La frase es casi una repetición exacta del versículo 3. Sin embargo, una diferencia clave se encuentra al inicio del versículo 10: "Como quien quebranta mis huesos". El salmista, hablando metafóricamente, ayuda a evocar emociones intensas, resultando en comprensión y empatía. Dicho de otro modo, no es una simple herida superficial: el golpe profundo y devastador casi ha acabado con el salmista.

Regresamos a lo tangible. Esta herida mortal proviene de los enemigos que se burlan del salmista (v. 10). Ahora vemos, con cierta repetición del versículo 3, que las *palabras* son la causa: la burla es verbal. Cuestionan al salmista: "¿Dónde está tu Dios?". Una vez más, su burla tiene un motivo. El salmista, quien ha estado comiendo lágrimas y caminando en sombras (por mencionar solo dos imágenes), desea desesperadamente estar en la presencia de Dios (vv. 1-2). Pero hasta ahora no ha habido respuesta, aunque el salmista sabe que el Señor envía su misericordia diariamente (v. 8). Estas preguntas dirigidas a Dios llevan nuevamente a preguntas del salmista. Escuchamos el estribillo: ¿Por qué te desesperas, alma mía, y por qué te turbas dentro de mí?" (v. 11). Tres interrogantes recurrentes sirven como transición a la frase final.

El salmo termina con una nota que no es novedosa: "Espera en Dios" (v. 11). Esta *espera* o *esperanza* muestra una resolución sólida. No es un simple repaso de esperanza en un momento despreocupado: el dolor, la oscuridad y la burla están por todas partes. El llamado y la respuesta crecen en el terreno de la confianza. Esto es más evidente en la frase siguiente: "Pues lo he de alabar otra vez". Hay alabanza en el futuro, pero dolor en el presente. El Señor es el Salvador y Dios del salmista (v. 11). Esta proclamación no es sorprendente, ya que el salmo comienza con un clamor desesperado por la presencia del Dios vivo.

En resumen, hemos visto a través de la poesía del salmo, específicamente con sus imágenes, la intensidad y la angustia de una vida de fe. Las circunstancias fáciles no definen la vida de aquellos que aman a Dios; sin embargo, en momentos de presión, las imágenes del Salmo 42 nos despiertan a una vida con Dios. Las preguntas no se descartan como inapropiadas; más bien, es el recuerdo de quién es Dios (v. 6) y cómo es la adoración (vv. 4-5) lo que nos lleva al testimonio del amor de Dios. En la oscuridad y en las burlas de aquellos que no aman a Dios recordamos con mente, cuerpo y alma que el Señor es el Dios vivo. Nuestra alma anhela y tiene sed de Él (vv. 1-2).

10

La ambigüedad en la poesía

SALMO 62

La ambigüedad puede frustrar. Tener una conversación con alguien que habla en términos vagos o escuchar una conferencia que no está clara puede dejarnos exasperados. El asunto es diferente en la poesía, que invita a la ambigüedad, pero no con el propósito de irritar. La ambigüedad en la poesía a menudo nos lleva a una mayor reflexión sobre las palabras, haciéndonos darle vuelta al lenguaje una y otra vez en nuestras mentes. En el Salmo 62 la ambigüedad impregna su estructura y características específicas, como la repetición y la metáfora.[213] Luchar con su ambigüedad hace que el texto sea placentero y edificante, ya que las frases se quedan grabadas en la mente.[214] En una

---

213. Véase también John Goldingay, *Psalms*, Baker Commentary on the Old Testament Wisdom and Psalms (Grand Rapids: Baker Academic, 2007), 2:245.
214. Sobre memoria y forma, véase Sean Burt, "'Your Torah Is My Delight': Repetition and the Poetics of Immanence in Psalm 119", *Journal of Biblical Literature* 137 (2018), pp. 685-700.

temporada de angustia, necesitamos escuchar esta poesía bíblica y ser animados, ser puestos en el camino correcto.

Al leer el Salmo 62, dos realidades brillan a través de él. La primera es la presión de la vida, y la segunda es Dios mismo. El Salmo 62 nos permite entrar en una escena que ocurrió hace miles de años atrás, pero que se siente tan fresca como la de hoy. La lucha, la frustración, la agitación de la vida, todo esto no es nada nuevo. Este salmo tiene varios destinatarios: los atacantes, los oyentes fieles, y el propio Dios.[215] Sin embargo, en todo esto, el poema se centra en un solo tema a lo largo de él: "confianza" (mencionada en el v. 8).[216]

SALMO 62

¹ En Dios solamente espera en silencio mi alma;
De Él viene mi salvación.
² Solo Él es mi roca y mi salvación,
Mi baluarte, nunca seré sacudido.
³ ¿Hasta cuándo atacarán a un hombre,
todos ustedes, para derribarlo,
Como pared inclinada, como cerca que se tambalea?
⁴ Ellos solamente consultan para derribarlo de su eminencia;
En la falsedad se deleitan;

---

215. Bien podríamos incluir también al propio salmista aquí. Por ejemplo, Phil Botha señala que el salmista se dirige a sí mismo en los vv. 5-7. "Psalm 62: Prayer, Accusation, Declaration of Innocence, Self-Motivation, Sermon, or All of These?", *Acta Theologica* 38 (2018): p. 34. Así, habría un cambio entre los vv. 5-7, donde el salmista habla a su propia alma, y el v. 8, donde el salmista habla a otros. Esto quizás sugiere que el salmista necesita asegurarse a sí mismo confiar en Dios antes de dirigirse a los demás. Agradezco a Micah Barksdale por esta observación.

216. No trato en detalle un género particular de este salmo; el propio padre de la crítica de formas, Hermann Gunkel, llamó notablemente al Salmo 62 un "tipo especial". Por lo tanto, Erich Zenger está ciertamente en el camino correcto al centrarse en los detalles particulares del salmo, en lugar de en similitudes generales con otros salmos. Véase Frank Lothar Hossfeld y Erich Zenger, *Psalms 2: A Commentary on Psalms 51–100*, trad. Linda M. Maloney, Hermeneia (Minneapolis: Fortress, 2005), pp. 112-13.

Bendicen con la boca,
pero por dentro maldicen. (Selah)
⁵ *Alma mía, espera en silencio solamente en Dios,*
Pues de Él viene mi esperanza.
⁶ *Solo Él es mi roca y mi salvación,*
Mi refugio, nunca seré sacudido.
⁷ *En Dios descansan mi salvación y mi gloria;*
La roca de mi fortaleza, mi refugio, está en Dios.
⁸ *Confíen en Él en todo tiempo,*
Oh pueblo; derramen su corazón delante de Él;
Dios es nuestro refugio. (Selah)
⁹ *Los hombres de baja condición solo son vanidad, y los de alto rango son mentira;*
En la balanza suben,
Todos juntos pesan menos que un soplo.
¹⁰ *No confíen ustedes en la opresión,*
Ni en el robo pongan su esperanza;
Si las riquezas aumentan, no pongan el corazón en ellas.
¹¹ *Una vez ha hablado Dios;*
Dos veces he oído esto:
Que de Dios es el poder;
¹² *Y Tuya es, oh Señor, la misericordia,*
Pues Tú pagas al hombre conforme a sus obras.

Discernir cómo se desarrolla el tema de la confianza a lo largo del poema es difícil. Muchos momentos nos hacen detenernos y preguntar: ¿qué significa exactamente esta frase?[217] La ambigüedad habita a lo largo de todo el poema. El flujo del salmo se divide en dos partes: los versículos 1-8 y los versículos 9-12. Sin embargo, todo el salmo está lleno de palabras repetidas que a menudo se pierden en la

---

217. "The Theological Significance of Biblical Poetry", en *Language, Theology, and the Bible: Essays in Honour of James Barr*, eds. Samuel E. Balentine y John Barton (Oxford: Clarendon, 1994), pp. 213-30.

traducción. Una palabra clave para leer este poema es "ciertamente", quizás más conocida por el Salmo 23: "*Ciertamente* el bien y la misericordia me seguirán" (v. 6). Esta palabra aparece a lo largo del Salmo 62 y agudiza el punto.[218] Dicho esto, dentro del Salmo 62 el término resalta la exclusión y típicamente se traduce como "solo" o "únicamente". Así, el poema enfatiza que es *solo* Dios y nadie más en quien el salmista confía.

Esta nota de exclusión produce enfoque desde el principio. El alma del salmista está en silencio, y este silencio sostiene la presión de la poesía.[219] ¿Qué significa estar en silencio?[220] ¿Es esto una meditación silenciosa? ¿Es un periodo de simplemente no hablar? Tal vez es una calma interior o un apretar de dientes sin usar palabras. En cualquier caso, estas preguntas no son respondidas; todavía no, de todos modos. La opacidad construye tensión, y así se siente el estímulo de la poesía. Pero antes de continuar, el salmista nos da un sentido de dirección. Es *hacia* (o *para*) Dios que su alma está en silencio, y es *de* Dios de quien el salmista tiene la salvación.[221] El mundo del poeta está definido por Dios, solo por Dios. La confianza en el silencio proviene de saber la dirección de la liberación.[222]

Las imágenes se acumulan para el oyente: solo Dios es la roca, la salvación y la fortaleza. El salmista respira aliviado. Ya sea lluvia fuerte o enemigos, Dios está ahí, una seguridad cierta. El salmo continúa, pero dirige sus palabras a los atacantes. Muy poco impresionado con ellos, el salmista pregunta: "¿Hasta cuándo" seguirán con tales actos necios (v. 3)? Esta pregunta tiene un doble filo. Ciertamente,

---

218. Allen P. Ross, *A Commentary on the Psalms*, Kregel Exegetical Library (Grand Rapids: Kregel Academic, 2013), 2:365. La palabra hebrea es *'ak*.

219. La palabra hebrea *nepeš* tiene varios significados, desde cuello hasta vida, desde aliento hasta alma. Para más estudio, véase mi "Direct Reflexivity in Biblical Hebrew: A Note on נפש [*nepeš*]", *ZAW* 129 (2017), pp. 411-26.

220. Sobre los lexemas hebreos para silencio, véase el estudio detallado de Sanja Noll, *The Semantics of Silence in Biblical Hebrew*, Studies in Semitic Languages and Linguistics 100 (Leiden: Brill, 2020).

221. Estos son *'el-'ĕlōhîm* y *mimmennû yešû'ātî*, respectivamente.

222. Cf. Ross, *Commentary on the Psalms*, 2:367.

es *para los perseguidores*, pero dado que el salmo es una oración, esto implica que la pregunta también es *para Dios*. Similar al Salmo 13, la pregunta básica es "¿Hasta cuándo, Señor...?" (62:1, 11).

El lenguaje metafórico resalta la necedad de los antagonistas. Derribar una pared inclinada no requiere mucha habilidad ni fuerza. Hay una burla implícita hacia los que se creen fuertes: ellos solo intimidan a los ya golpeados. Aunque esto pueda ser físico, es ciertamente verbal (v. 4). Ellos ofrecen alabanzas y amabilidad con sus labios, pero cuando les conviene, difaman. Este es un recordatorio de cómo funciona el mundo. Estos necios andan a tientas en la oscuridad; afortunadamente, el salmista nos recuerda la luz.

Los versículos 5-6 repiten frases anteriores y dan cierre al poema. El silencio está ante Dios "solamente".[223] Sin embargo, la repetición de esta línea tiene variación, una característica que suele ser significativa al leer la Escritura.[224] El versículo 5 no dice lo que el salmista está haciendo (cf. v. 1) sino lo que debe hacer: "Espera en silencio". El significado preciso del silencio escapa a los estudiosos: el verbo es ambiguo. Peor aún, algunas traducciones, como la NBV, lo expresan como una acción: "Yo *callo* ante el Señor", en lugar de un imperativo: "Alma mía, espera en silencio". Algunos piensan que el silencio es un llamado a una disposición calmada; otros lo ven como no hablar, mientras se sigue estando ansioso.[225] No hay una respuesta fácil. La presión de la poesía se ejerce, y debemos esperar para sentir toda la fuerza del poema.

Se hace evidente por qué el salmista puede (o debería) estar en silencio: su esperanza viene *de Dios*. El salmista está clamando en un

---

223. Traducción de 'ak lēʾlōhîm.
224. Véase el estudio reciente sobre paralelismo: Robert Holmstedt, "Hebrew Poetry and the Appositive Style: Parallelism, Requiescat in pace", *Vetus Testamentum* 69 (2019): pp. 617-48; cf. Michael O'Connor, *Hebrew Verse Structure* (Winona Lake, IN: Eisenbrauns, 1980). Para una articulación matizada y cuidadosa del paralelismo en la poesía hebrea, véase F. W. Dobbs-Allsopp, *On Biblical Poetry* (Nueva York: Oxford University Press, 2015).
225. Para la última posición, véase Goldingay, *Psalms*, 2:248.

momento en que su esperanza no se ha cumplido. Hay una paciencia, un "todavía no". La diferencia entre definir a Dios por las circunstancias, como tan a menudo se hace, y definir las circunstancias a la luz de Dios, comienza a hacerse evidente. El Salmo 62 es otro recordatorio de que la vida no es cinematográfica, con problemas fáciles y soluciones rápidas: respuestas que no toman más de dos horas en lograrse. Tampoco servirá una lista de pasos o una práctica de rituales. Igualmente deficiente es la vida que se muestra en las redes sociales. Esta es una vida presionada, una vida que, como afirma el versículo 5, no es suave. La esperanza reposa en Dios, "solamente en Dios".[226]

El versículo 8 nos lleva a la escena comunitaria y asegura que todos tenemos algo que aprender. Nos recibe la simplicidad y claridad: "Confíen en él en todo tiempo". La *confianza* es un estado interior con evidencia exterior, y es una palabra favorita en los Salmos.[227] Notablemente en nuestro salmo: "La confianza es la actitud que el salmo ha expresado (vv. 1-3a) y ha instado al ser (vv. 3b-7), *sin usar la palabra* [hasta el v. 8]".[228] Donde vemos confianza, vemos la ausencia de vergüenza. Donde encontramos confianza, encontramos seguridad. La confianza y la liberación van de la mano. Una vida firme, aunque llena de dificultades, sabe que Dios es verdadero, real, fuerte, escucha y siempre protege.

En una temporada de lucha, el Salmo 62 ofrece desafío y aliento. Esta confianza no es simplista ni mecanicista, como si uno pudiera simplemente confiar y luego rápidamente todo se resolverá. Por el contrario, es algo real y digno. El llamado a confiar en los momentos de presión de la vida nos insta a considerar la vida con más cuidado. Aunque puede parecer un lugar común o elemental "confiar en Dios" en medio de las dificultades de la vida, otras opciones resultan

---
226. Cf. Hossfeld y Zenger, *Psalms* 2, p. 115.
227. Como en los Salmos 21, 28, 37, 84, 112 (v. 7), 115, 135.
228. Goldingay, *Psalms*, 2:249 (énfasis añadido). El llamado explícito a "confiar" es del salmista a su audiencia (vv. 8, 10).

decepcionantes. Desde los demás hasta nosotros mismos, desde la tecnología hasta los retiros, nada puede sostener el alma desgastada como Dios mismo. Esto no pretende desestimar el papel de la comunidad, sino dejar claro que *solo* Dios es en quien confiamos: no hay otro. Nuestro refugio seguro está en Dios.

Debemos derramar nuestros corazones ante Dios (v. 8). La imagen aquí es clave.[229] Derramar, como aceite o un vaso de agua, implica dar todo. Así que lo que reside en nuestro corazón, no solo las emociones, sino también nuestros pensamientos y esas cosas profundas dentro de nosotros, eso es lo que derramamos. Pero notemos a quién: es "delante de él [Dios]" que lo hacemos.[230] En la vida, no necesitamos parecer tenerlo todo bajo control, solo estar dispuestos y listos para derramarlo todo. Dios es nuestro "refugio".

Nuestros dos siguientes versículos (vv. 9-10) nos recuerdan por qué Dios, y *solo* Dios, es digno de nuestra confianza, de nuestra seguridad, de derramar nuestros corazones. Aquí reconocemos la condición humana. La humanidad es frágil y rápidamente se va. Estamos inclinados hacia el engaño. Pónganos en una balanza, y no pesamos mucho. La imagen aquí muestra la locura de todo esto. Si la humanidad es un pueblo fugaz y engañado, ¿por qué poner tu confianza en ellos o en cualquier cosa que hagan? Debe decirse que esto no es un apoyo al nihilismo o al pesimismo, sino un cartel indicador de dónde podemos encontrar al único que es nuestro refugio.

Se nos recuerda que no debemos encontrar seguridad o protección en el dinero ni en los caminos torcidos que las personas siguen para obtenerlo. Incluso si el dinero aumenta, nuestra confianza no

---

229. Para una mirada esclarecedora sobre las metáforas en los Salmos, véase Pierre van Hecke y Antje Labahn, eds., *Metaphors in the Psalms* (Leuven: Peeters, 2010); la monografía excepcionalmente clara de Alison Ruth Gray, *Psalm 18 in Words and Pictures: A Reading through Metaphor*, BI 127 (Leiden: Brill, 2014); y el influyente libro de William P. Brown, *Seeing the Psalms: A Theology of Metaphor* (Louisville: Westminster John Knox, 2002).
230. En hebreo, *ləpānāyw*, "delante de él [Dios]", v. 8.

está en él. A partir de esto, el salmista se voltea para hablar directamente a Dios. El poema termina con el reconocimiento de que la fuerza y el amor fiel están con él. A medida que el poeta lucha con las presiones de la vida, sabe que por encima de todo, en la debilidad de la humanidad, hay fuerza en Dios. Cuando somos completamente inestables, el amor de Dios es seguro y firme, comprometido consigo mismo y dirigido hacia la humanidad. Llegamos a esta verdad a través de la ambigüedad dentro de la poesía mientras leemos lentamente cómo el salmista se comunica con Dios en tiempos oscuros. A lo largo del salmo experimentamos ambigüedad, pero eso nos acerca más a la poesía y nos pide escuchar con más atención su música. El salmo nos invita a la realidad de que Dios es fuerte y su amor es firme: Él es nuestro refugio. Este poema moldea nuestra alma de tal manera que nuestra confianza no se pone en nadie más.[231]

---

231. Allan Ross lo expresa bien: "Este salmo es una hermosa muestra de confianza en el Señor". *Commentary on the Psalms*, 2:375.

11

Los giros en la poesía

SALMO 73

¿Cuál es el propósito de todo esto? ¿Por qué pasar por el dolor y la precisión de mantener la integridad cuando las personas que exhiben el mal prosperan? Estas no son preguntas fáciles. Afortunadamente, tampoco son preguntas particularmente nuevas. En el Salmo 73 el salmista lucha con la justicia, los malvados, y el propósito de la vida. "Este salmo es uno de los 'textos cumbre'" del Antiguo Testamento, ya que habla de las dificultades omnipresentes de una vida de fe.[232] Sin embargo, es poesía, y mucho queda tácito.[233] El poema "registra

---

232. Frank Lothar Hossfeld y Erich Zenger, *Psalms 2: A Commentary on Psalms 51–100*, trad. Linda M. Maloney, Hermeneia (Minneapolis: Fortress, 2005), p. 238.

233. En términos de su forma, el salmo es especialmente difícil de categorizar, como bien señalan los estudiosos. Véase, por ejemplo, Catherine Petrany, "Words Fail Me: Silence, Wisdom, and Liturgy in Psalm 73", *JTI* 13 (2019): 114; Jacqueline E. Lapsley, "'Bring On Your Wrecking Ball': Psalm 73 and Public Witness", *Theology Today* 70 (2013): p. 63; Walter Brueggemann, *From Whom No Secrets Are Hid: Introducing the Psalms*, ed. Brent A. Strawn (Louisville: Westminster John Knox, 2014), p. 127.

el viaje interior de quien ha estado a punto de abandonar la esperanza en la justicia de Dios".[234] Este viaje nos presenta uno de los giros poéticos más dramáticos de todo el Salterio. El poeta llega a este giro a través de otras características que hemos observado anteriormente: repetición, paradoja y yuxtaposición. En el salmo, tenemos la oportunidad de reflexionar sobre la fe al escuchar a un santo que está considerando cuidadosamente la vida y todas sus vicisitudes.

La primera línea establece el escenario. La bondad de Dios se declara en el primer versículo, y en el versículo final, el salmista reafirma esta bondad. La estructura nos impulsa a través del poema: primero se habla *acerca de* Dios (vv. 1-17), luego se habla *a* Dios (vv. 18-28), todo con un lenguaje cargado emocionalmente que lucha con un mundo que parece ser cualquier cosa menos justo.[235]

SALMO 73

Salmo de Asaf.

¹ *Ciertamente Dios es bueno para con Israel,*
Para con los puros de corazón.
² *En cuanto a mí, mis pies estuvieron a punto de tropezar,*
Casi resbalaron mis pasos.
³ *Porque tuve envidia de los arrogantes*
Al ver la prosperidad de los impíos.
⁴ *Porque no hay dolores en su muerte,*
Y su cuerpo es robusto.
⁵ *No sufren penalidades como los mortales,*
Ni son azotados como los demás hombres.
⁶ *Por tanto, el orgullo es su collar;*
El manto de la violencia los cubre.

---

234. J. Gordon McConville, *Being Human in God's World: An Old Testament Theology of Humanity* (Grand Rapids: Baker Academic, 2016), p. 199.
235. Hossfeld y Zenger, *Psalms 2*, p. 224.

⁷ Los ojos se les saltan de gordura;
Se desborda su corazón con sus antojos.
⁸ Se burlan, y con maldad hablan de opresión;
Hablan desde su encumbrada posición.
⁹ Contra el cielo han puesto su boca,
Y su lengua se pasea por la tierra.
¹⁰ Por eso el pueblo de Dios vuelve a este lugar,
Y beben las aguas de la abundancia.
¹¹ Y dicen: «¿Cómo lo sabe Dios?
¿Hay conocimiento en el Altísimo?».
¹² Miren, estos son los impíos,
Y, siempre desahogados, han aumentado sus riquezas.
¹³ Ciertamente en vano he guardado puro mi corazón
Y lavado mis manos en inocencia,
¹⁴ Pues he sido azotado todo el día
Y castigado cada mañana.
¹⁵ Si yo hubiera dicho: «Así hablaré»,
Habría traicionado a la generación de Tus hijos.
¹⁶ Cuando pensaba, tratando de entender esto,
Fue difícil para mí,
¹⁷ Hasta que entré en el santuario de Dios;
Entonces comprendí el fin de ellos.
¹⁸ Ciertamente Tú los pones en lugares resbaladizos;
Los arrojas a la destrucción.
¹⁹ ¡Cómo son destruidos en un momento!
Son totalmente consumidos por terrores repentinos.
²⁰ Como un sueño del que despierta,
oh Señor, cuando te levantes, despreciarás su apariencia.
²¹ Cuando mi corazón se llenó de amargura,
y en mi interior sentía punzadas,
²² Entonces era yo torpe y sin entendimiento;
Era como una bestia delante de Ti.
²³ Sin embargo, yo siempre estoy contigo;

Tú me has tomado de la mano derecha.
²⁴ *Con Tu consejo me guiarás,*
Y después me recibirás en gloria.
²⁵ *¿A quién tengo yo en los cielos sino a Ti?*
Fuera de Ti, nada deseo en la tierra.
²⁶ *Mi carne y mi corazón pueden desfallecer,*
Pero Dios es la fortaleza de mi corazón y mi porción para siempre.
²⁷ *Porque los que están lejos de Ti perecerán;*
Tú has destruido a todos los que te son infieles.
²⁸ *Pero para mí, estar cerca de Dios es mi bien;*
En Dios el Señor he puesto mi refugio
Para contar todas Tus obras.

El poema comienza con una reflexión teológica. "Ciertamente Dios es bueno para con Israel" (v. 1).[236] Esta nota regionalizada tiene sentido dentro del contexto de la Biblia hebrea; sin embargo, la yuxtaposición dentro de la línea no debe pasarse por alto; Dios se relaciona con la bondad. Además, el poeta enfatiza este hecho con "ciertamente" (*'ak*).[237] El poema ahora se despliega. Leemos que la bondad de Dios "es... para con los puros de corazón" (v. 1). Tal vez esto hace referencia a los fieles *dentro* de Israel, o la línea podría extenderse *más allá* de los límites de Israel.[238] En cualquier caso, este fondo teológico de la bondad de Dios agrava la experiencia del salmista; "mis pies estuvieron a punto de tropezar, casi resbalaron mis pasos" (v. 2). La

---

236. Para una discusión perspicaz y accesible sobre la teología de Dios y su bondad, consulta *The Lord Is Good: Seeking the God of the Psalter*, de Christopher R. J. Holmes, *Studies in Christian Doctrine and Scripture* (Downers Grove, IL: IVP Academic, 2018).
237. De manera destacada, Augustine Marie Reisenauer percibe la estructura en el salmo basándose en la repetición de "seguramente" / "en verdad": vv. 1-12 (problema); vv. 13-17 (transición); vv. 18-28 (resolución). Véase "The Goodness of God in Psalm 73", *Antonianum* 86 (2011), pp. 16-17.
238. La primera posibilidad implicaría un grupo más específico dentro de la nación de Israel, mientras que la línea podría estar diciendo que "los puros de corazón" es un comentario explicativo sobre todo Israel.

relación entre la bondad y el salmista permanece por explorar, por lo que seguimos adelante.[239]

La casi caída del salmista proviene de tener "envidia de los arrogantes" (v. 3). Al apilar las frases una sobre otra, el salmista insinúa que la envidia se debía a "la prosperidad de los impíos", la cual veía continuamente (v. 3). Esta línea exhibe la paradoja de la poesía de la Escritura. ¿Cómo es que los impíos tienen paz? Esto no debería ser así; sin embargo, el salmista está observando que la realidad está fuera de lugar.[240] Esta tensión deberíamos sentirla mientras leemos.

El poema especifica el absurdo florecimiento de los impíos. Por ejemplo, "no hay dolores en su muerte, y su cuerpo es robusto" (v. 4).[241] Sus cuerpos dan testimonio de un cuidado y accesorios mimados. Además, no sufren "penalidades" ni son golpeados como otros humanos (v. 5). Las líneas imaginan a estas personas transitando por la vida sin ser tocadas. Como lo expresa Walter Brueggemann: "Sus cuerpos están saludables y desprenden un olor a autocuidado".[242] Tan irritante como pueda ser esa imagen, la verdadera frustración es que estas personas, que están "llenas de salud… despreocupadas, y tienen un deseo insaciable por la vida", son llamadas "arrogantes" e "impíos" (v. 3).[243]

Recordamos que vivimos en un momento de distracción y entretenimiento (cf. cap. 1 arriba). El término "autocuidado" es utilizado por los vendedores modernos para promocionar los últimos productos de cuidado personal. Esperamos poder hacer clic instantáneamente y

---

239. Es posible que esté en juego una estructura literaria bastante técnica, aunque altamente artística, es decir, la "composición en anillo": vv. 2-3; vv. 4-12; vv. 13-17; cf. Hossfeld y Zenger, *Psalms 2*, pp. 221-238.
240. La forma *yiqtol* parece tener algo de poder explicativo aquí. El salmista parece estar reflexionando no solo sobre lo que ha sucedido en el pasado, sino también sobre lo que está experimentando actualmente.
241. Este es un versículo especialmente desafiante desde el punto de vista textual, pero la claridad resalta en que los impíos están disfrutando de la vida. Cabe señalar que, textualmente, la frase "en su muerte" es una pregunta.
242. Brueggemann, *From Whom No Secrets Are Hid*, p. 128.
243. Hossfeld y Zenger, *Psalms 2*, p. 228.

entrar en una vida de salud, comodidad y, lo más importante, felicidad. El momento presente da la bienvenida a los impíos para exhibir públicamente una vida reducida solo al placer. Para aquellos con fe en el Dios vivo, este es un tiempo delicado. La vida aparentemente libre de dolor de los impíos se muestra con orgullo. El contexto del problema del salmista puede ser demasiado similar al nuestro en la actualidad.

Estos necios sin nombre muestran su confianza para que todos la vean. Las siguientes líneas, llenas de metáforas de la vestimenta, demuestran la disposición y acción de los impíos. "Por tanto, el orgullo es su collar; el manto de la violencia los cubre" (v. 6). Su voluntad habla de su carácter y da detalles a la complejidad teológica. Algunas personas participan activamente en la necesidad; ¿por qué deberían prosperar? Las siguientes frases provocan más preguntas en lugar de ofrecer respuestas.

Los "ojos" y el "corazón" de los impíos invitan al lector a considerar los deseos de la vida. De modo frustrante, los "ojos" de estos necios "se les saltan de gordura; se desborda su corazón con sus antojos" (v. 7). Las personas parecen no tener control ni freno: los impíos hacen lo que les place. El resto de esta sección detalla su discurso despectivo. "Se burlan, y con maldad hablan de opresión", por arrogancia (v. 8); "Contra el cielo han puesto su boca, y su lengua se pasea por la tierra" (v. 9). La vestimenta, el habla y los deseos desenfrenados aplastan el celo por seguir a Dios. Esta prosperidad sin sentido incita al salmista (y al lector) a preguntar: ¿cuál es el propósito de todo esto?

El discurso de los necios se vuelve más específico y teológico. "Y dicen: «¿Cómo lo sabe Dios?

¿Hay conocimiento en el Altísimo?»" (v. 11). Con gran desagrado, el salmista dice: "Los impíos [están] siempre desahogados" y "han aumentado sus riquezas" (v. 12). La realidad desmorona al salmista, y ahora la poesía trata con eso. El salmista admite: "Ciertamente en vano he guardado puro mi corazón y lavado mis manos en inocencia" (v. 13). La lógica es clara y dolorosa: los esfuerzos anteriores por la santidad fueron en vano. Además, el salmista, en contraste con los impíos, ha sido golpeado "todo el día y castigado cada mañana (v. 14). Las cosas no son como deberían ser. Los impíos saltan por ahí sin restricciones, mientras que el salmista ha estado atendiendo cuidadosamente su vida y su inocencia.

La intensa tensión de la fe espera algún tipo de liberación dentro del poema. Recordemos que el Señor "es bueno para con Israel, para con los puros de corazón", y que el salmista "casi resbaló" (vv. 1-2). La resolución sigue sin decirse, al menos por ahora, ya que el autodiagnóstico del salmista no ha hecho ningún bien; la claridad no está al alcance.[244]

El salmista subraya la depresión que impera en el mundo. Si hubiera declarado todo esto, "habría traicionado a la generación de tus [Dios] hijos". (v. 15). Nada más que tumulto habría esperado tal explicación por parte del salmista. El poeta sigue adelante en la niebla de la vida: "Cuando pensaba, tratando de entender esto, fue difícil para mí" (v. 16). La reflexión no satisface al salmista; esa tensión, la perspectiva de no tener esperanza, establece el escenario para uno de los giros teológicos más significativos en el libro de los Salmos.

Para prepararnos para este giro, necesitamos reconocer que dentro de los versículos 15-16 el salmista se niega a hablar. Esta observación puede tener varios enfoques. Catherine Petrany pregunta: "¿Es este el silencio que los salmos tan a menudo asocian con la angustia, la falta de vida y la muerte, o lleva la restricción verbal del salmista aquí algún valor comunicativo positivo dentro del contexto del salmo en su totalidad?".[245] Esperamos una respuesta. Mientras esperamos, reconocemos que "el protagonista del Salmo 73 deja de hablar por

---

244. Hossfeld y Zenger, *Psalms 2*, p. 225.
245. Petrany, "Words Fail Me", p. 117.

completo, y lo hace *antes de* un encuentro con Dios".[246] Sin embargo, de manera frustrante, este "pensaba, tratando de entender" (v. 16a) solo agudiza la crisis".[247]

El versículo 17 marca el giro del salmo y la fe del salmista, quien lucha *hasta* que va al "santuario de Dios". No se da nada sobre el proceso o las actividades, solo el *lugar*.[248] En este espacio, el salmista percibe el fin de los impíos en "un tipo de silencio retrospectivo".[249] De manera crucial, Gordon McConville observa que el "cambio en el salmista no es provocado por alteraciones materiales en la realidad externa, sino completamente hacia adentro, en una perspectiva transformada sobre la naturaleza de las cosas".[250] En "un momento de enfoque religioso, todo gira bruscamente en una nueva dirección".[251] La niebla de la vida malvada y el bienestar ahora se despeja. El salmista (recordemos el capítulo 1) no está distraído ni aburrido ni en el sentido situacional ni en el existencial. La atención está completamente puesta en el Dios viviente.

Al otro lado del santuario, el salmista habla directamente *a* su Dios, en contraste con hablar *sobre* Él. El versículo 18 subraya la acción del Señor al poner fin a los impíos: "Ciertamente Tú los pones en lugares resbaladizos; los arrojas a la destrucción". Estas líneas resuenan en el oído. El poema comienza con el salmista casi cayendo (v. 2). El salmo también empieza con "ciertamente [*ak*]", enfatizando así la bondad de Dios. Gran parte de la primera sección del poema lucha por reconciliar la bondad de Dios con la crisis del salmista; sin embargo, al estar en la presencia del Señor (v. 17), el salmista entiende que los impíos ciertamente resbalarán y caerán. De manera importante, los impíos no lo hacen por casualidad, sino por la voluntad del

---

246. Petrany, "Words Fail Me", p. 121 (énfasis original).
247. Hossfeld y Zenger, *Psalms 2*, p. 230.
248. Véase más en Carolin Neuber, "Space in Psalm 73 and a New Perspective for the Understanding of Ps. 73:17", *Biblical Interpretation* 29 (2020), pp. 279-307.
249. Petrany, "Words Fail Me", p. 124.
250. McConville, *Being Human*, p. 199.
251. Brueggemann, *From Whom No Secrets Are Hid*, p. 129.

Señor. La reflexión permite al salmista ver correctamente: "¡Cómo son destruidos en un momento! Son totalmente consumidos por terrores repentinos" (v. 19).

El salmista repasa su dolor anterior: "Cuando mi corazón se llenó de amargura, y en mi interior sentía punzadas" (v. 21).[252] El siguiente versículo dice: "era yo torpe y sin entendimiento; Era como una bestia delante de ti" (v. 22). La primera frase del versículo 22 describe mediante una categoría; el salmista era "torpe". La segunda línea describe evocativamente cómo era el salmista. La estupidez lo abrumaba, y se espera que el lector sienta ese peso mientras el salmista se describe a sí mismo como "una bestia".

La poesía avanza, pero repite el lenguaje del versículo 22. El versículo 23 comienza con "Sin embargo, yo..." como una forma de señalar alguna relación con las líneas anteriores. El poeta contrasta el pasado con su presente y afirma que "yo siempre estoy contigo (con el Señor)" (v. 23). Esta frase al menos insinúa que la presencia del Señor es beneficiosa para el salmista, en lugar de punitiva.

Una vez más, se enfatiza la intervención divina: "Tú (el Señor) me has tomado de la mano derecha" (v. 23). El poema rechaza la idea de una independencia puramente humana. El Dios vivo parece extender la mano y tomar la mano del salmista como un padre haría con la de un hijo. En esa línea, la poesía subraya el consejo mediante el cual el Señor guía al salmista (v. 24).

Recordando a todos los que quisieran escuchar, el salmista declara la singularidad del poder y la provisión del Señor.[253] Las dos frases del versículo 25 se combinan para mostrar que ni el cielo ni la tierra tienen algo o alguien que pueda ayudar, excepto el Señor. El versículo 26 comienza a cerrar la experiencia del salmista: "Mi

---

252. En el mundo antiguo, "corazón" y "riñones" se utilizaban para denotar tanto las emociones como la toma de decisiones (Jeremías 11:20; 12:2; 20:12).
253. Infiero "provisión" en parte a partir del uso de *ḥelqî*, "mi porción" (cf. Salmos 119:57; 142:5; Lamentaciones 3:24).

carne y mi corazón pueden desfallecer, pero Dios es la fortaleza de mi corazón y mi porción para siempre". La imagen anatómica resalta la fragilidad de la humanidad. Esta realidad, sin embargo, es solo una introducción a la verdad teológica de que el Señor es la fortaleza del salmista. En este momento poético vislumbramos la belleza de una debilidad humilde y confiada. La poesía lucha con la fragilidad y la dependencia: la debilidad ciertamente no es un problema, siempre y cuando esté anclada. Dios es la porción del salmista, y esta verdad enseña, corrige, y calma el alma.

Los dos últimos versículos del poema vuelven al tema de los impíos y los justos, pero lo hacen con descripciones espaciales (vv. 27-28). El poeta llama la atención con la palabra traducida como "porque". Lo que sigue trata sobre "los que están lejos de ti" (refiriéndose al Señor). Su realidad futura, a diferencia de la primera mitad del poema, es la destrucción. Ellos, al igual que el camino de los impíos en el Salmo 1, "perecerán" (1:6; 73:27). El salmista declara: "Tú has destruido a todos los que te son infieles". Este versículo, además de poner a los impíos en la perspectiva correcta, proporciona el contraste inmediato para el poeta en los siguientes versículos.

El versículo 28 reúne "bien" y "Dios" de una manera que recuerda a los lectores el versículo 1, pero con una diferencia significativa.[254] El salmo comienza afirmando la bondad de Dios para Israel y los puros de corazón (v. 1). Esta verdad sienta las bases para la fe del salmista que se desploma, ya que sus circunstancias y su confesión no coinciden, hasta que el salmista llega "al santuario" (v. 17). Todo cambia, y el poema concluye con: "Pero para mí, estar cerca de Dios es mi bien" (v. 28). Además, el salmista declara: "En Dios el Señor he puesto mi refugio" (v. 28). Para el poeta, el Señor es una seguridad cercana; sin embargo, si el lector no se ve afectado por estos versículos, entonces no ha leído el poema, al menos en un sentido verdadero. La bondad y cercanía protectora de Dios demuestran que la prosperidad de los

---

254. Reisenauer, "Goodness of God", p. 11.

impíos es efímera. La vida efímera y mimada de los necios no tiene poder real para deconstruir la fe del salmista.

Al tomar estas páginas de la Escritura, lo hacemos no solo para inspeccionar un artefacto literario interesante, sino para que nuestras almas sean moldeadas. A través de las líneas compactas de poesía, la repetición de lo que es "bueno", la comparación de los que están "cerca" de Dios con los que están "lejos" de Dios, y la paradoja de los infieles prosperando por encima de los fieles, todas estas características nos instruyen: mente, cuerpo y alma. Estas características gravitan en torno al gran giro que ocurre en el santuario. A través de la poesía, incluso en los días más difíciles, el Espíritu Santo enseña a nuestros corazones a escuchar la plenitud de la verdad: la presencia de Dios trae claridad y protección para los puros de corazón (vv. 1, 28). Además, la maldad no prevalecerá. El versículo final, "para contar todas Tus obras", revela que "el salmista puede hablar, y lo hace".[255] El silencio desaparece: la alabanza al Dios vivo abunda.[256] El salmo concluye en "testimonio personal y... proclamación".[257] Que así sea también con nuestras vidas.

---

255. Petrany, "Words Fail Me", p. 126.
256. Petrany, "Words Fail Me", p. 126.
257. Hossfeld y Zenger, *Psalms 2*, p. 236.

12

La adoración en la poesía

SALMO 96

Para muchos lectores hoy en día, Israel, las naciones y el mundo natural parecen ser temas distintos y no relacionados. Esto puede ser especialmente cierto porque el Antiguo Testamento se enfoca en la historia de *Israel*. Tal generalización por parte de los modernos tiene verdad y también falsedad. Ciertamente, Israel está al frente y en el centro a lo largo de toda la Biblia hebrea; sin embargo, la atención hacia las naciones, más allá de ser meramente una espina en el costado de Israel (cf. 1 Samuel), recorre toda la Escritura. La poesía de los Salmos fácilmente une a estos "otros" como miembros del mismo coro que cantan un cántico al único y verdadero Dios. No obstante, la intersección más impactante, y aun desconcertante, llega con la introducción del *mundo natural*. Aquí se nos desafía de manera directa a considerar (o reconsiderar) nuestra visión de la naturaleza. La poesía de los Salmos, que nutre nuestra vida como una "existencia orante", amplía nuestra imaginación teológica en este poema.[258] En consecuencia, se nos instruye sobre cómo es la adoración del Señor. Si tenemos una visión del mundo que considera todas las cosas físicas como malas, sin sentido o ambas cosas, entonces podríamos rápidamente saltarnos una sección completa del Salmo 96. Sin embargo, esta poesía tiene el poder de mantener nuestra atención y despertar nuestra imaginación hacia un mundo en el que los mares, los cielos, y todo lo que hay entre ellos, alaban al Señor junto con Israel y las naciones.

SALMO 96

¹ Canten al Señor un cántico nuevo;
Canten al Señor, toda la tierra.
² Canten al Señor, bendigan Su nombre;
Proclamen de día en día las buenas nuevas de Su salvación.
³ Cuenten Su gloria entre las naciones,
Sus maravillas entre todos los pueblos.
⁴ Porque grande es el Señor, y muy digno de ser alabado;
Temible es Él sobre todos los dioses.
⁵ Porque todos los dioses de los pueblos son ídolos,
Pero el Señor hizo los cielos.
⁶ Gloria y majestad están delante de Él;
Poder y hermosura en Su santuario.
⁷ Den al Señor, oh familias de los pueblos,
Den al Señor gloria y poder.
⁸ Den al Señor la gloria debida a Su nombre;
Traigan ofrenda y entren en Sus atrios.
⁹ Adoren al Señor en vestiduras santas;
Tiemblen ante Su presencia, toda la tierra.
¹⁰ Digan entre las naciones: «El Señor reina;

---

258. Hermann Spieckermann, "From the Psalter Back to the Psalms: Observations and Suggestions", *ZAW* 132 (2020), p. 18.

Ciertamente el mundo está bien afirmado, será inconmovible;
Él juzgará a los pueblos con equidad».
¹¹ Alégrense los cielos y regocíjese la tierra;
Ruja el mar y cuanto contiene;
¹² Gócese el campo y todo lo que en él hay.
Entonces todos los árboles del bosque cantarán con gozo
¹³ Delante del Señor, porque Él viene;
Porque Él viene a juzgar la tierra:
Juzgará al mundo con justicia
Y a los pueblos con Su fidelidad.

La primera frase del salmo detiene al lector. El llamado inicial es: "Canten al Señor un cántico nuevo". La solicitud se repite: "Canten al Señor", con un vocativo que bien podría ser evocador. Dicho de otro modo, ¿a qué o quién se refiere "toda la tierra"? La sencilla frase prende la mente. ¿Se refiere esto a la tierra natural? La palabra "tierra" fácilmente connota la tierra física, aparte de cualquier cosa que resida en ella o sobre ella (como los animales y los humanos).[259] Además, bien podría significar la tierra física, *incluyendo* las criaturas vivientes dentro de ella y las cosas sobre ella.[260] Es más, la frase ciertamente podría indicar a los humanos. Al proporcionar las opciones interpretativas, el propósito no es abrumar al lector, sino ofrecer lo que la poesía en realidad provoca. En cualquier caso, vemos un llamado fuerte y claro a cantar que incorpora voces *fuera* de Israel.

Cada frase añade especificidad al poema. Al leer, el salmo nos invita a cantar. Aquellos que siguen al Dios viviente reciben constante instrucción y detalle sobre cómo debe sonar el canto. Por ejemplo, el versículo 2 repite "Canten al Señor", pero añade "bendigan Su nombre". Ambos llamados son claros pero generales. La segunda frase del versículo 2 aporta precisión: "Proclamen de día en día las buenas nuevas de Su salvación". Esta declaración está destinada a

---

259. Génesis 18:2; Éxodo 23:10.
260. Cf. 1 Samuel 14:25; 27:9; 2 Samuel 15:23.

resaltar la salvación, que puede tener al menos dos referentes distintos. Uno, la liberación histórica de Israel de los egipcios podría ser recordada y cantada. Dos, la salvación profesada bien podría ser la que los oyentes mismos han experimentado. No es posible una lectura definitiva; sin embargo, esta salvación está generalizada de tal manera que suscita nuestra propia experiencia con el Dios viviente. Como lectores, somos atraídos y llamados a cantar sobre la salvación de Dios. Al leer solo los primeros dos versículos, nuestras almas son formadas y nuestras bocas se abren para alabar al Señor.

El versículo 3 añade profundidad al alcance y contenido del canto. "Cuenten su gloria entre las naciones", dice la primera línea, lo que introduce cierta tensión. Hemos visto que el llamado es para que "toda la tierra" cante, pero con el versículo 3 la dirección cambia, de modo que estos cantantes interpretan su canción "entre" o "en" las naciones. ¿Se espera aquí que solo Israel sea el cantante? Posiblemente, los fieles *dentro y entre las naciones* tienen un papel destacado. La segunda frase de este versículo intensifica el mensaje: "[Cuenten] sus maravillas entre todos los pueblos". El contenido de su canto, entonces, son "las maravillas" de Dios. Esta palabra evoca los hechos asombrosos que el Señor realizó a favor de su pueblo y contra los egipcios (Éxodo 4–14). Sin duda, el Señor mostró su gloria y sus maravillas en el éxodo, y esas realidades históricas podrían ser el referente principal, si no exclusivo. Sin embargo, sugiero que las líneas poéticas que se acumulan con "toda la tierra" (v. 1) traen a la mente de los lectores la idea de que la "gloria" y las "maravillas" de Dios también han sido experimentadas por nosotros; por lo tanto, al recitar este salmo, no solo recordamos el éxodo, sino que también reconocemos las *maravillas* de Dios en el mundo actual.

El llamado a cantar está fundamentado en la teología. La alabanza corporal no surge de la emoción ni de meras circunstancias, sino de Dios mismo.[261] En otras palabras, proclamad su gloria, "¡porque grande es el Señor!" (v. 4). En rápida sucesión, el poema recuerda al lector que "grande es el Señor y muy digno de ser alabado" y que es "temible sobre todos los dioses" (v. 4). El salmo señala la verdad de que el Señor es digno de alabanza mucho más que cualquier otra deidad. La honestidad teológica respalda el canto colectivo del pueblo; con esta comprensión, la poesía tiene la oportunidad de fortalecer el alma. Las Escrituras comienzan a obrar en nosotros. Estas realidades que sostienen la alabanza no están condicionadas por eventos concretos ya sean pasados o presentes; más bien, estas razones son afirmaciones directas de quién es el Señor.

El versículo siguiente reitera la dignidad de Dios. La primera razón para alabar viene en forma de comparación: "Todos los dioses de los pueblos son ídolos" (v. 5). La inutilidad de estos dioses señala la maravilla del Señor, como se menciona en las frases anteriores. La segunda frase del versículo 5, aparentemente un cambio abrupto, declara: "Pero el Señor hizo los cielos". El giro rápido de los dioses vanos al Dios Creador niega la vitalidad de estos dioses hechos por manos humanas y, de manera sucinta, resalta el poder del Señor. Estas líneas de poesía bastante directas insinúan que una visión adecuada de la creación (siendo, de hecho, obra de Dios el Creador) habla profundamente de la alabanza física y verbal al Señor; por lo tanto, el lector es alentado a alabar.

El versículo 6 parece seguir la lógica mencionada anteriormente. Líneas breves y marcadas presentan notas similares, aunque distintas, de honra, gloria, fortaleza y hermosura. De alguna manera, estas cuatro características están envueltas en la presencia divina. Las dos primeras que aparecen en el versículo, "gloria y majestad", están delante de Dios. El segundo par, "poder y hermosura", se dice que están "en su santuario". Así, estar en la presencia del Señor es estar

---

261. Véase también W. David O. Taylor, *A Body of Praise: Understanding the Role of Our Physical Bodies in Worship* (Grand Rapids: Baker Academic, 2023).

en medio de su honra, gloria, fuerza y hermosura. De todas estas, el segundo par es el más intrigante, ya que estas palabras raras veces se yuxtaponen. En conjunto, la adoración al Dios vivo habla de la realidad de la honra, gloria, fuerza y hermosura en su presencia.

En un momento cultural donde tanto la fuerza como la hermosura están distorsionadas, mal entendidas y mal utilizadas, una visión poética demuestra ser esclarecedora; por lo tanto, no debemos buscar en anuncios, *influencers* sociales ni en maquinarias políticas para obtener una sensación de hermosura y fuerza. Más bien, estas están de alguna manera relacionadas con la presencia de Dios, ya que se encuentran "en su santuario" (v. 6).

Regresamos al llamado. Los mandatos llenan casi cada frase de los siguientes cuatro versículos (vv. 7-10). Al igual que en líneas anteriores cargadas de imperativos, pasamos de la acción más general a la más específica. Por ejemplo, aquellos llamados que dicen "den al Señor" son, de hecho, dirigidos a las "familias de los pueblos" (v. 7; cf. Génesis 12:3). La segunda frase habla del contenido: "Den al Señor gloria y poder". Esta frase podría encajar bien en casi cualquier salmo, pero encuentra una resonancia particular aquí debido a la estipulación de que "fuerza", al igual que "gloria" y "poder", están fundamentadas en la presencia del Señor (v. 6). En otras palabras, el oyente debería cantarle a Dios quién es Él. De modo similar, la siguiente frase (v. 8) llama a todos: "den al Señor la honra debida a su nombre". Una vez más, escuchamos ecos de frases anteriores. Antes, el poema llamaba a todos diciendo "bendigan su nombre" (v. 2), y luego a "cuenten su gloria" (v. 3). Todo este "dar" se materializa en la segunda línea del versículo 8: "Traigan ofrendas, y entren en sus atrios". Estos llamados majestuosos y elevados a la adoración se encarnan físicamente en la ofrenda.

Una postura física de alabanza guía los dos siguientes versículos (vv. 9-10). Recordemos que estamos leyendo poesía y no una lista de tareas; por lo tanto, este salmo no funciona como un simple manual de instrucciones. Sin embargo, es instructivo tanto para la teología como para la práctica. La primera línea del versículo 9 es la más directa: "Adoren al Señor en vestiduras santas". De esta frase fluye una humildad encarnada, y la frase que sigue abre nuevos horizontes: "Tiemblen ante su presencia, toda la tierra" (v. 9). Una vez más, nos enfrentamos al desafío de leer poesía. ¿Qué significa exactamente "toda la tierra"? La primera frase del salmo aporta simetría al versículo, pero no resuelve completamente el asunto. El alcance del temor es amplio.

En el versículo 10 encontramos otro llamado a los oyentes para declarar algo "entre las naciones" (cf. v. 3). La primera frase revela una teología de una manera que el lector del salmo todavía no había experimentado. Deben decir "entre las naciones: 'El Señor reina'". Esta frase fundamenta la poesía anterior que coloca "poder y hermosura" cerca del Señor y declara que "gloria y majestad" le son debidas (vv. 6, 8). El alcance de "toda la tierra" alabando al Señor (v. 9) tiene algo que ver con el hecho de que "El Señor reina" (v. 10). Como estamos leyendo un poema, no recibimos una lección completa sobre cómo funciona todo esto; sin embargo, se nos enseña a través de la rápida superposición de líneas que la alabanza al Señor y el reinado del Señor van de la mano.

Las frases que siguen desarrollan diversas implicaciones del hecho de que el Señor reina. Por ejemplo: "el mundo está bien afirmado, será inconmovible" (v. 10). El mundo sigue su curso como debe porque el Señor es Rey. Este reconocimiento suscita más preguntas: si el Señor reina, ¿cómo es posible que esto o aquello ocurra? Comenzamos a llenar los vacíos y a explorar la cuestión. A menudo solo buscamos verificar si esta afirmación coincide con nuestra experiencia vivida. La poesía no responde a todas nuestras preguntas, pero estimula una reflexión más profunda, y sugiero que eso es intencional. Con cada línea poética, ganamos claridad y tenemos más para considerar. Nuestra meditación no se detiene cuando el poema termina.

Este versículo concluye con notas de justicia (vv. 10, 13). Aunque otra referencia al reinado de Dios no sorprende, dado el comienzo del versículo 10, el alcance y la forma del señorío de Dios aportan precisión: el Señor "juzgará a los *pueblos con equidad*". Tanto Israel como las naciones recibirán el juicio de Dios, y nuestros corazones deberían ser alentados por esta verdad.

La sección final del poema contrasta claramente con lo que muchos modernos podrían pensar. En lo que podría parecer fuera de lugar, el salmista invita al mundo natural a alabar. El volumen es alto, y el coro es amplio. El versículo 11 incorpora "los cielos", "la tierra", "el mar" y "cuanto contiene". El canto llena el aire con verbos como "alégrense", "ruja" y "regocíjese". El versículo 12 declara "gócese el campo" y "todos los árboles del bosque cantarán con gozo". El resonante coro se interpreta "delante del Señor" (v. 13). Estos componentes creados del orden natural se unen en alabanza y, al hacerlo, nos invitan a detenernos y contemplar todo.

Con demasiada facilidad podemos pasar por alto la sección final del salmo. Podríamos etiquetar apresuradamente estos momentos como metafóricos o antropomórficos; sin embargo, tales categorías en gran medida no captan la profundidad de la poesía. En estos versículos finales, escuchamos y sentimos el llamado a la alabanza. Naciones, pueblos, toda la tierra, campos, árboles y aguas irradian alegría y alabanza delante del Señor. La poesía no tiene reparos en escuchar a los humanos y a la naturaleza cantar lado a lado. Al reconocer esto, obtenemos una mejor visión de la creación en su conjunto. Todos los que son convocados en este salmo son criaturas, y una característica fundamental de ser criatura es alabar al Dios Creador. La dependencia está incorporada en el tejido que Dios ha creado; la dependencia toma forma de diferentes maneras a lo largo del libro de los Salmos, ya sea en el lamento, la acción de gracias o la alabanza. En el Salmo 96 la dependencia de las criaturas hacia el Señor impulsa a la congregación a cantar.

La relación del Señor con la creación recibe mayor atención en las líneas finales del versículo 13. El Señor "viene a juzgar la tierra". Esta frase refuerza la declaración anterior: "Juzgará a los pueblos con equidad" (v. 10). Lo diferente y ciertamente más evocador es el hecho de que, según el versículo 13, el Señor está por "juzgar la tierra". Esto parece incluir no solo a los pueblos, y ciertamente no solo a Israel. La totalidad de la creación (campos, bosques y más) será juzgada. Las frases siguientes aportan especificidad al declarar que el Señor "juzgará al mundo con justicia y a los pueblos con su fidelidad" (v. 13). No hay lugar ni cosa alguna que esté fuera del alcance del reinado del Señor.

Como en secciones anteriores del salmo, la parte final del poema desafía nuestra visión de la naturaleza y de nosotros mismos. La poesía guía nuestras oraciones y alabanzas al formar nuestra imaginación teológica sobre la adoración y el mundo. Si vemos el mundo natural como algo carente de significado o meramente instrumental para nuestro beneficio o provecho, entonces estamos equivocados. Es decir, los cielos, el mar y los árboles no existen simplemente para una economía en constante crecimiento, ni están destinados únicamente a la admiración. ¡Ellos alaban! Además, estas líneas confrontan nuestra supuesta autonomía humana; los seres humanos están sujetos al juicio del Dios vivo, quien "hizo los cielos" (v. 5) y reina como Rey (v. 10). Esta poesía aleccionadora también llena el corazón de esperanza, ya que el juicio será ejecutado con "equidad", "justicia" y "fidelidad" (vv. 10, 13). El mundo y todo lo que hay en él serán restaurados. A la luz de esa realidad, el Salmo 96 convoca a toda la tierra a entonar un cántico nuevo.

13

La creación en la poesía

SALMO 104

Dios es grande. Esta afirmación verdadera resuena en muchas situaciones. Él es grande y está "por encima de todos los dioses" (Salmos 135:5). Es grande porque su amor abunda (145:8). El retrato que ofrece la Sagrada Escritura presenta muchas escenas de la grandeza de Dios (Deuteronomio 7:21), y la poesía de los Salmos dibuja características específicas de su majestad. En el Salmo 104 la grandeza de Dios se cruza con la creación y la alabanza, y lo hace a través de líneas concisas y compactas llenas de metáforas. Este salmo "es, posiblemente, el mayor himno a la gloria de la creación en la Biblia hebrea".[262] Desde una perspectiva general, el salmo se lee

---

262. Robert Alter, "The Glory of Creation in Psalm 104", en *Biblical Poetry and the Art of Close Reading*, ed. J. Blake Couey y Elaine T. James (Nueva York: Cambridge University Press, 2018), p. 51. Además, véase Benjamin Abotchie Ntreh, "The Survival of Earth: An African Reading of Psalm 104", en *The Earth Story in the Psalms and the Prophets*, ed. Norman C. Habel (Sheffield: Sheffield Academic, 2001), pp. 98-108.

como Génesis 1-2: ambos textos reflexionan sobre el orden creado.[263] Montañas, tierras, luz, oscuridad y más cosas se solapan en estos dos escritos; sin embargo, el propósito de la poesía aquí difiere del de los primeros capítulos de la Biblia. Las obras del Señor impulsan al salmista a bendecir, cantar y hacer melodías (vv. 1, 33).

En este poema, nuestra alma se forma al repasar las obras creadas por Dios. Tal vez, para disgusto de algunos, leer el poema no da como resultado principalmente resolver la relación entre la ciencia y la Escritura; en cambio, escuchar los detalles teológicos del orden creado nos impulsa a alabar. El carácter, la sabiduría y el poder de Dios al ordenar la creación se exhiben en este poema y, crucialmente, no son meros hechos que hay que comprender.[264] En cambio, nuestro intelecto e imaginación son cautivados por la fuerte belleza del cuidado de Dios; a causa de tal benevolencia, cantamos. En resumen, las imágenes y líneas concisas del Salmo 104 nos hacen "conscientes de cuánto *la poesía es el lenguaje adecuado de la creación*", ya que "el acto [de creación] de Dios... es complejo y hermoso".[265]

SALMO 104

¹ Bendice, alma mía, al Señor.
Señor, Dios mío, cuán grande eres;
Te has vestido de esplendor y de majestad,
² Cubriéndote de luz como con un manto,
Extendiendo los cielos como una cortina.
³ Él es el que pone las vigas de sus altos aposentos en las aguas;

---

263. De hecho, el Salmo 104, siendo "la explicación más extensa de la obra de creación de Dios fuera del Génesis, [...] merece un lugar central en cualquier intento de reflexionar sobre Dios como creador y sobre la doctrina de la creación". Patrick D. Miller Jr., "The Poetry of Creación: Salmo 104", en *God Who Creates: Essays in Honor of W. Sibley Towner*, ed. William P. Brown y S. Dean McBride Jr. (Grand Rapids: Eerdmans, 2000), p. 87.
264. Agradezco a Sarah Haynes por su sabiduría en este tema.
265. Miller, "Poetry of Creation", p. 96 (énfasis en el original).

El que hace de las nubes su carroza;
El que anda sobre las alas del viento;
⁴ Que hace de los vientos sus mensajeros,
Y de las llamas de fuego sus ministros.
⁵ Él estableció la tierra sobre sus cimientos,
Para que jamás sea sacudida.
⁶ La cubriste con el abismo como con un vestido;
Las aguas estaban sobre los montes.
⁷ A Tu represión huyeron,
Al sonido de Tu trueno se precipitaron.
⁸ Se levantaron los montes, se hundieron los valles,
Al lugar que Tú estableciste para ellos.
⁹ Pusiste un límite que no pueden cruzar,
Para que no vuelvan a cubrir la tierra.
¹⁰ Él hace brotar manantiales en los valles,
Corren entre los montes;
¹¹ Dan de beber a todas las bestias del campo,
Los asnos monteses mitigan su sed.
¹² Junto a ellos habitan las aves de los cielos,
Elevan sus trinos entre las ramas.
¹³ Él riega los montes desde Sus aposentos,
Del fruto de Sus obras se sacia la tierra.
¹⁴ Él hace brotar la hierba para el ganado,
Y las plantas para el servicio del hombre,
Para que él saque alimento de la tierra,
¹⁵ Y vino que alegra el corazón del hombre,
Para que haga brillar con aceite su rostro,
Y alimento que fortalece el corazón del hombre.
¹⁶ Los árboles del Señor se sacian,
Los cedros del Líbano que Él plantó,
¹⁷ Donde hacen sus nidos las aves,
Y la cigüeña, cuya morada está en los cipreses.
¹⁸ Los montes altos son para las cabras monteses;

Las peñas son refugio para los tejones.
¹⁹ Él hizo la luna para señalar las estaciones;
El sol conoce el lugar de su ocaso.
²⁰ Tú ordenas la oscuridad y se hace de noche,
En ella andan todas las bestias del bosque.
²¹ Rugen los leoncillos tras su presa,
Y buscan de Dios su comida.
²² Al salir el sol se esconden,
y se echan en sus guaridas.
²³ Sale el hombre a su trabajo,
y a su labor hasta el atardecer.
²⁴ ¡Cuán numerosas son Tus obras, oh Señor!
Con sabiduría las has hecho todas;
Llena está la tierra de Tus posesiones.
²⁵ He allí el mar, grande y anchuroso,
En el cual se mueve un sinnúmero
De animales tanto pequeños como grandes.
²⁶ Allí surcan las naves,
Y el Leviatán que hiciste para que jugara en él.
²⁷ Todos ellos esperan en Ti
Para que les des su comida a su tiempo.
²⁸ Tú les das, ellos recogen;
Abres Tu mano, se sacian de bienes.
²⁹ Escondes Tu rostro, se turban;
Les quitas el aliento, expiran,
y vuelven al polvo.
³⁰ Envías Tu Espíritu, son creados,
Y renuevas la superficie de la tierra.
³¹ ¡Sea para siempre la gloria del Señor!
¡Alégrese el Señor en sus obras!
³² Él mira a la tierra, y ella tiembla;
Toca los montes, y humean.
³³ Al Señor cantaré mientras yo viva;

Cantaré alabanzas a mi Dios mientras yo exista.
³⁴ Séale agradable mi meditación;
Yo me alegraré en el Señor.
³⁵ Sean consumidos de la tierra los pecadores,
y los impíos dejen de ser.
Bendice, alma mía, al Señor.
¡Aleluya!

En el versículo inicial, el poema invita al salmista (y, a su vez, al lector) a "bendecir al Señor". La razón se presenta en la siguiente línea, aunque sin una conexión formal, ni siquiera con palabras como "porque" o "ya que". El salmista se dirige directamente a Dios: "¡Señor, Dios mío, cuán grande eres" (v. 1). La poesía permite que esta línea sustente la invitación inicial a la adoración, mientras deja mucho sin decir. Podríamos preguntar: ¿por qué es tan grande el Señor? El resto del poema se extiende ampliamente en responder a esa pregunta.

Las imágenes inundan los versículos siguientes (vv. 1-4), y las metáforas de vestimenta enmarcan varias líneas. El Señor, por ejemplo, está *"vestido* de esplendor y de majestad, *cubriéndote* de luz como con un manto" (vv. 1-2). Dios se viste de luz y esplendor como nosotros lo hacemos con una camisa, y su resplandor es algo que Él mismo se pone. De hecho, "la descripción es asombrosa".[266] Con estas líneas, experimentamos lo que se dijo hace más de un siglo acerca del salmista: "*Este poeta es un maestro de la forma y la expresión*".[267] El resto de los versículos (vv. 2-4) enfatiza los actos de Dios y su morada dentro de la creación. Él extiende "los cielos como una cortina" y pone "pone las vigas de sus altos aposentos en las aguas" (vv. 2-3). Las nubes son su carro, y el viento es el camino por donde cabalga (v. 3). Además, los vientos y las llamas de fuego son sus obras y sus ministros (v. 4).

---
266. Konrad Schaefer, *Psalms*, Berit Olam (Collegeville, MN: Liturgical Press, 2001), p. 257.
267. Kemper Fullerton, "The Feeling for Form in Psalm 104", *Journal of Biblical Literature* 40 (1921): p. 45 (énfasis en el original).

Esta sección inicial (vv. 1-4) del salmo estimula la imaginación. Nos asombramos del cielo no solo por su belleza, sino porque Dios configura la creación como su instrumento. La majestuosa visión del Señor cabalgando en las nubes como un carro y las llamas de fuego como aprendices mueve la mente a considerar nuevamente la grandeza de Dios.[268] Nos despierta al hecho de que el mundo (su cielo, agua, nubes y viento) es obra del Señor.

En la siguiente sección, el poema reflexiona sobre el orden que Dios ha dado a la tierra, el mar, las montañas y los valles (vv. 5-9). Una característica fundamental de que el Señor haya establecido la tierra es que "jamás será sacudida" (v. 5). Cuando Dios coloca la tierra "sobre sus cimientos", nada puede alterar su disposición. Esta sencilla reflexión tiene repercusiones significativas. Estas dos líneas demuestran que el poder y la autoridad del Señor no tienen igual. La tierra, por lo tanto, no es meramente evidencia de algún diseño inteligente, sino una indicación del poder del Dios viviente. Esta realidad puede influirnos en nuestras actividades cotidianas y tediosas, ya sea desayunando una tostada en la mañana o manejando al trabajo. Cuando los titulares de las noticias o el ritmo agitado de la vida dominan nuestros corazones, esta poesía puede enderezarnos y prepararnos para alabar. Esto no es un simple discurso interno para mejorar nuestro ánimo, sino un enfrentamiento con la realidad teológica de la creación: este Dios Creador no ha sido destronado; Él es Rey y Creador.

La relación de Dios con las aguas no puede pasarse por alto aquí (v. 7). Su "represión atronadora" hace que las aguas "huyan" y "se precipiten". La creación se mueve al sonido de la voz del Señor. No solo eso, las montañas y los valles van exactamente al lugar que "estableciste para ellos" (v. 8). Donde Dios pone "un límite", ninguna agua

---

268. Este no es el lugar para una deliberación detallada sobre el papel del dominio humano dentro de la creación (cf. Génesis 1–2) o los desafíos del cuidado de la creación en la actualidad. Para un buen recurso sobre este tema, véase, por ejemplo, Douglas J. Moo y Jonathan A. Moo, *Creation Care: A Biblical Theology of the Natural World*, Biblical Theology for Life (Grand Rapids: Zondervan, 2018).

"cruzará" ni volverá a "cubrir la tierra" (v. 9). Así, al observar la topografía de la tierra, comenzamos a ver el orden del Señor, sus fronteras, y el resultado de su voz (vv. 5-9).

Lejos de ser superfluo, el movimiento del agua resulta en el sustento de la fauna. Los seres vivos y "los asnos monteses" son regados y "mitigan su sed" (v. 11). Las aves encuentran descanso y levantan su voz (cantan) sobre el agua y en los árboles (v. 12). En resumen, es porque "del fruto de sus obras [del Señor] se sacia la tierra" (v. 13). La poesía demuestra que nuestra imaginación sobre la creación debería incluir no solo el poder del Señor y la creación correctamente ordenada, sino también la saciedad de la tierra.

La siguiente sección destaca la materialidad y bendición de la cosecha (vv. 14-23). Las bestias y los seres humanos reciben cosechas y pastos porque el Señor hace que las cosas crezcan (v. 14). La producción da lugar a alimentos de todo tipo. Por ejemplo, "vino que alegra el corazón del hombre, para que haga brillar con aceite su rostro, y alimento que fortalece el corazón del hombre" (v. 15). Más allá de las personas, los árboles, las montañas, colinas y rocas sirven a las aves, cabras y conejos (vv. 16-18).[269] Cada área de la creación mencionada en el poema está destinada a servir a otra parte de la creación. El diseño de Dios es impresionante: "Se destaca firmemente la armonía entre la humanidad y el reino animal".[270] Sin embargo, esa comprensión no debe dejarnos como meros admiradores, sino más bien colocarnos en una postura de adoración al Dios viviente.

La luna y el sol adquieren prominencia en los versículos 19-20. El salmista utiliza estas luces para aclarar cómo las criaturas dentro del orden de Dios prosperan. Por ejemplo, es en la "noche" cuando "andan todas las bestias del bosque" (v. 20). La dependencia de la creación del Señor es una característica destacada de este poema.

---

269. La traducción de Robert Alter del versículo 16 es particularmente impactante: "Los árboles del Señor beben hasta saciarse". Alter, "*Glory of Creation*", p. 50.
270. Alter, "*Glory of Creation*", p. 52.

Notablemente, los "leoncillos" "buscan *de Dios* su comida" (v. 21). Los leones "se esconden" cuando sale el sol, mientras que las personas "trabajan hasta el atardecer" (vv. 22-23). La secuencia de luz y oscuridad da orden a la vida. Según el salmo, estos movimientos de las criaturas no están simplemente esperando una explicación científica (aunque puedan aceptar tal explicación); los patrones dan testimonio del poder del Señor para ordenar y preservar.

El poema hace una pausa, y el salmista reflexiona: "¡Cuán numerosas son Tus obras, oh Señor!" (v. 24). Patrick Miller encuentra que "todo el sentido del salmo se expresa" en esta línea.[271] Sin embargo, el énfasis no está solo en la innumerabilidad de las obras del Señor; es que el Señor "con sabiduría las ha hecho todas" (v. 24). La creación es testigo de la sabiduría de Dios. Nuestros pensamientos, cantos, oraciones y poemas deben tomar en cuenta esta realidad. La verdad del diseño de la creación no puede contarse sin hacer referencia a la sabiduría del Señor. El poema centra nuestra atención y da forma a nuestra alma hacia la realidad teológica del mundo que está a nuestro alrededor, encima y debajo de nosotros. Los mares y las criaturas son incontables, y se deben a que Dios las formó (vv. 25-26).[272]

La dependencia de la creación del Señor difícilmente puede ser exagerada. Línea tras línea, la Sagrada Escritura instruye nuestra mente sobre cómo funciona el mundo (vv. 27-30). "Todos" los seres esperan que el Señor "les dé su comida a su tiempo" (v. 27). No importa quién trabaje o cace, la provisión viene del Señor. Como Dios da, "ellos la recogen" (v. 28).[273] Como Dios abre su mano, ellos "se

---
271. Miller, "Poetry of Creation", p. 92.
272. Alter observa que, aunque Leviatán aparece en el salmo, lo hace "en dimensiones casi cómicamente reducidas" ("*Glory of Creation*", p. 52). La criatura marina no representa una amenaza real ni percibida para el Dios Creador. Alter incluso afirma que Leviatán "se convierte en la mascota acuática de Dios" ("*Glory of Creation*", p. 57). De manera similar, J. Clinton McCann Jr. dice que este "monstruo marino mítico... se ha convertido en el juguete de playa de Dios". McCann, "Between Text and Sermon: Psalm 104", *Interpretation* 66 (2012), p. 69.
273. El uso constante de "cuando", precediendo al sujeto "tú [Señor]", colorea la totalidad de los vv. 28-30.

sacian de bienes" (v. 28). Con estas frases recordamos que "del fruto de sus obras [del Señor] se sacia la tierra" (cf. v. 13). Esta realidad se forma porque el Señor elige amablemente "abrir [su] mano" (v. 28).

El lado más oscuro de la grandeza de Dios también se menciona. Si el Señor esconde su rostro, entonces las criaturas "se turban" (v. 29). Cuando "les quitas el aliento, expiran, y vuelven al polvo" (v. 29). La vida y la muerte descansan en la mano del Señor (cf. 1 Samuel 2:6). No hay indicación de pura autonomía humana en el salmo. Lo que sea que las criaturas hagan, lo hacen mientras dependen del Señor, como se enfatiza en el siguiente versículo (v. 30). Cuando el Señor envía su espíritu, las criaturas son creadas y Él renueva la tierra (v. 30). La vida, su inicio y su perdurabilidad, tiene su origen en el Espíritu de Dios.[274]

Es razonable pasar de la reflexión sobre la creación a la alabanza. Este salmo hace precisamente eso, pero no en el modo esperado. El salmista pide que "¡sea para siempre la gloria del Señor!" (v. 31); la siguiente frase del verso sorprende: "¡Alégrese el Señor en sus obras!". Esta visión del Creador gozándose sobre su creación proporciona una corrección a cualquier modelo que vea al Señor como distante e indiferente. El gozo se refleja en la reflexión del Señor sobre sus propias obras. Nuestra alma se moldea de tal manera que el gozo y el canto se encuentran al considerar las obras del Señor.

El poder del Señor da lugar al asombro. Este poema "es una espléndida pieza de poesía, que organiza una imagen radiante para expresar el sentido del hablante sobre las glorias de la creación de Dios".[275] El poema nos dice que el Señor "mira a la tierra, y ella tiembla" (v. 32). Él "toca los montes y humean" (v. 32). Este poder verdaderamente impresionante provoca canción y melodía por parte del salmista (v. 33). El salmista "se alegrará" no solo en la creación, sino

---

274. Para una discusión más amplia, véase el reciente libro de Jack Levison, *A Boundless God: The Spirit according to the Old Testament* (Grand Rapids: Baker Academic, 2020).
275. Alter, "Glory of Creation", p. 59.

también "en el Señor" (v. 34). Nuestros ojos no están dirigidos principalmente al orden creado, sino a Dios mismo. Los actos maravillosos, poderosos y sabios del Señor ordenan la creación y, a su vez, nutren nuestros corazones. La alabanza fluye.

Al igual que el Salmo 1, este salmo no concluye con una nota de felicidad. Hay un llamado, aparentemente de la nada, para que los "pecadores" sean eliminados "de la tierra" y "los impíos dejen de ser" (v. 35).[276] Sin embargo, como afirma acertadamente Miller, "quien haya leído el Salterio desde el principio no debería sorprenderse de que se haga una referencia a los pecadores y los impíos".[277] Una vez más, se nos recuerdan los dos caminos inequívocos en los Salmos: la vida y la muerte. No hay área gris que explorar. Por más abierta y ambigua que sea la poesía de los salmos, los caminos de los impíos y los justos están claramente separados. En el Salmo 104 el salmista no parece contemplar una mezcla entre los justos y los impíos; es uno u otro. El lector moderno que quiera saborear el supuesto espacio entre los justos y los impíos seguramente se sentirá decepcionado. El poema, con todas sus notas de dependencia y alabanza, nos alecciona ante la realidad de la maldad. A pesar de la gravedad de la muerte, el salmo termina como comenzó, con bendición y alabanza (vv. 1, 35). En consecuencia, el poema, a través de líneas compactas llenas de metáforas, enseña que debemos ser instrumentos que levanten cantos de alabanza al Dios Creador. De una manera que ninguna otra literatura puede aproximar, esta poesía entrelaza la creación y la alabanza, de modo que la instrucción y el gozo animan al lector. ¡Bendito sea nuestro Dios!

---

276. Creo que Alter está bastante fuera de lugar aquí, ya que interpreta las líneas sobre los pecadores y los malvados (v. 35) como "no más que una pequeña rareza antes de la conclusión". Alter, "Glory of Creation", p. 60.
277. Miller, "Poetry of Creation", p. 94

14

El final de la poesía

SALMO 150

Nueva Orleans es el lugar que llamo hogar. Esta ciudad histórica es conocida por muchas cosas, desde el jazz hasta el cangrejo de río, pero quizás es más famosa por el Mardi Gras. Personas de todo el mundo la visitan para disfrutar de una atmósfera y tradición incomparables. Algunos imaginan el Mardi Gras solo como una celebración desmesurada de los aspectos más depravados de la humanidad; aunque contiene algo de verdad, esa idea es solo una caricatura. Si vinieras a la Ciudad Creciente para esa temporada tan esperada, experimentarías una multitud de sonidos y vistas que dan la bienvenida a las familias. Verías a niños pequeños sentados en la cima de escaleras con carteles; observarías a hombres y mujeres, que en otras ocasiones son bastante reservados, saltando, gritando, agitando y bailando, todo con la esperanza de atrapar algunas cuentas lanzadas desde carrozas decorativas. Encontrarías multitudes ruidosas, llenas de alegría, abrazando a la comunidad y personificando una cosa por encima de todo: celebración.

El Salmo 150 me recuerda al Mardi Gras. Ambos son ruidosamente apasionados. Mi suposición es que los lectores que no quedan impresionados por el Salmo 150 son como esas personas que puedes encontrar en el Mardi Gras sentadas en una silla de jardín, a la distancia, quejándose de estar allí. Algunos de nosotros (me incluyo aquí) nos sentimos más cómodos silenciando el salmo final del Salterio que escuchando la música tal como está escrita. Este breve poema, repleto de repetición, nos enseña sobre la naturaleza y el propósito de la alabanza.

SALMO 150

> ¹ *¡Aleluya!*
> *Alaben a Dios en Su santuario;*
> *Alábenlo en Su majestuoso firmamento.*
> ² *Alaben a Dios por Sus hechos poderosos;*
> *Alábenlo según la excelencia de Su grandeza.*
> ³ *Alaben a Dios con sonido de trompeta;*
> *Alábenlo con arpa y lira.*
> ⁴ *Alaben a Dios con pandero y danza;*
> *Alábenlo con instrumentos de cuerda y flauta.*
> ⁵ *Alaben a Dios con címbalos sonoros;*
> *Alábenlo con címbalos resonantes.*
> ⁶ *Todo lo que respira alabe al Señor.*
> *¡Aleluya!*

"El Salmo 150 nos muestra cómo concluir las cosas".[278] Este breve poema tiene tres partes, cada una respondiendo a una pregunta.

---

278. Jason Byassee, *Psalms 101–150*, Brazos Theological Commentary on the Bible (Grand Rapids: Brazos, 2018), p. 248.

"¿Por qué?" se aborda en los versículos 1-2; el "¿cómo?" en los versículos 3-5; y el "¿quién?" en el versículo 6.[279] Se encuentra simetría en casi cada frase, comenzando con el llamado a "alabar" (*halǝlû*). Esta alabanza está dirigida expresamente al Señor (vv. 1, 6). Diez veces resuena el mandato: "Alaben/alábenlo". El versículo 6 muestra una distinción significativa: es la única frase de todo el poema que no comienza con un imperativo de alabanza, sino que inicia, de manera intrigante y explosiva, con *"todo* lo que respira". Antes de llegar a la frase final, leamos el breve poema y dejemos que cada línea construya anticipación.

El versículo 1 subraya la alabanza en lugares: *"en* su santuario" y *"en* la magnificencia de su firmamento".[280] El versículo 2 establece el fundamento de la alabanza: "sus hechos poderosos" y "la excelencia de su grandeza".[281] Como se ha señalado a lo largo del libro, alabar al Señor no tiene prácticamente nada que ver con la experiencia presente. Dicho de otro modo, los salmos no abordan la pregunta de cómo entrar en un estado de ánimo para alabar. En nuestros momentos de distracción, aburrimiento y curiosidad, el último salmo pone la alabanza como la última palabra. La motivación descansa en quién es Dios, reconociendo "sus hechos poderosos" y "la excelencia de su grandeza" (v. 2).

La siguiente sección del poema describe la instrumentación (vv. 3-5). Comenzamos a escuchar la música a medida que se reúnen los instrumentos: "trompeta", "arpa y lira", "pandero y danza", "cuerda y flauta" y "címbalos". No necesitamos adentrarnos en los libros de historia para entender que los instrumentos en el Israel antiguo eran diferentes de los de hoy. La congregación es convocada a alabar y

---

279. Esta estructura es señalada por Friederike Neumann, *Schriftgelehrte Hymnen: Gestalt, Theologie und Intention der Psalmen 145 und 146–150*, BZAW 491 (Berlín: de Gruyter, 2016), pp. 393, 395.
280. Sobre los "cielos" en el Salmo 150, véase la conexión con el Salmo 19. Neumann, *Schriftgelehrte Hymnen*, p. 398.
281. Neumann interpreta la "grandeza" aquí con el predicado de "el Señor" como Rey en los Salmos 95:3 y 145. *Schriftgelehrte Hymnen*, p. 401.

hacerlo con instrumentos musicales. Dada la claridad y simplicidad de las palabras en el Salmo 150, *entenderlo* no es difícil, pero tampoco es el final de la interpretación. El salmo busca mover corazones.

En este salmo no vemos un entorno dócil o poco impresionante, sino una alabanza sonora al Dios vivo. El volumen puede ser bienvenido por algunos o rechazado por otros, pero no se puede ignorar que *este* salmo es el poema que cierra el libro; no es el Salmo 1, con su sabiduría sobre la prosperidad; ni el Salmo 23, con su confianza en el gran pastor; ni el Salmo 3, con sus clamores al Señor. El final de alabanza nos enseña algo sobre la forma de la fe.[282] Nuestros ojos se levantan por encima de las contiendas hacia la grandeza del Señor Dios. La respuesta del alma formada por el libro de los Salmos es tan simple como significativa: *alabanza*. Esto no minimiza nuestras dificultades o dolores (ver arriba, especialmente capítulos 6, 8 y 11), pero sí dirige nuestra atención de manera correcta. La alabanza estalla en el último versículo del poema.

El versículo 6 comienza con "todo lo que". ¡Qué apropiado! El último versículo del Salterio no está destinado exclusivamente a un rey davídico ni a Israel. La adoración al Dios viviente es un evento de alcance mundial. El constante llamado a evitar la idolatría (por ejemplo en Éxodo 20) parece demostrar que la adoración es una actividad humana natural. A lo largo del libro de los Salmos se anima y se moldea la adoración; el Salmo 150 pone un énfasis claro en esto. En este breve versículo, se insta dos veces a que "todo lo que respira alabe al Señor". Las palabras, la música y la danza como expresiones de adoración son debidas solo a uno: el Dios santo.

Toda esta verdad dentro del salmo nos mueve a adorar. De hecho, "al alabar la grandeza del Señor, sus adoradores reconocen implícitamente su propia dependencia como criaturas de él".[283] Deberíamos

---

282. El Salterio no es una colección al azar; como argumento en el capítulo 2, tampoco es una narrativa.
283. Daniel J. Estes, *Psalms 73–150*, NAC (Nashville: B&H, 2019), p. 634.

ciertamente reconocer que "es privilegio y obligación de los mortales, al adorar al Señor, unirse al poderoso coro que las estrellas matutinas comenzaron, y el Salmo 150 invita a todas las personas en todas partes a hacerlo".[284]

Vivimos en una era de distracción, como se detalla en el capítulo 1. Para los peregrinos que han viajado con el Salmo 150 y lo han cantado, ensayar el poema una vez más puede parecer aburrido. Podríamos desear algún espectáculo, algo novedoso.[285] Podríamos mirar alrededor, con la soberbia tan fácilmente accesible, y no encontrar nada en el Salmo 150 que nos vigorice, nada demasiado emocionante. Sin embargo, la poesía tiene la capacidad de enfocar nuestra atención y, al hacerlo, despertarnos a la alabanza.

El Salterio termina con alabanza. Dicho de otro modo, el Salterio *no* termina con nosotros. Su propósito final se revela plenamente en que la poesía, con todas sus imágenes, líneas breves, apertura, repetición, paradojas, emociones y más, lleva nuestras palabras al lugar al que pertenecen: al único y verdadero Dios. Este poema de alabanza potente tiene la capacidad de ahogar las distracciones de esta era, pero nuestro corazón necesita ser habituado por el Espíritu Santo. La Escritura poética llamada Salmos merece nuestra atención. A través de su dulzura, podemos practicar lo que significa orar, alabar, adorar y exaltar al Señor Dios.

---

284. Estes, *Psalms 73–150*, p. 638.
285. Agradezco a Sarah Haynes por sus aportes aquí.

Epílogo

SILENCIOSO Y SOLITARIO

En los sectores del cristianismo evangélico que conozco, es común escuchar la exhortación: "Lee tu Biblia". Desde una edad temprana, me instruyeron para que apartara un tiempo en la mañana para abrir mi Biblia, leer durante unos minutos y orar. Esto se conocía como "tiempo devocional" o "tiempo con el Señor". Una característica clave de este tiempo sería una lectura silenciosa y solitaria de la Biblia. Para algunas personas, en parte debido a cómo se les enseñó, este tiempo de quietud se ha convertido en algo definitorio de su fe. Por ejemplo, si alguien ha "dejado de hacerlo algunos días", podría sentir que su fe se está debilitando o volviéndose fría.

Esta visión de la lectura de la Biblia moldea a casi todos los estudiantes que enseño en el seminario. Ellos también son apoyados por otros profesores que los desafían a hacer precisamente esto y, a veces, los advierten si no lo han estado haciendo diariamente. Mi propio viaje a través de la educación teológica fue el mismo. Uno de mis propios profesores enseñó de manera clara que mi salud como cristiano, y especialmente como pastor, está basada fundamentalmente en este tiempo con el Señor. He escuchado que pastores, maestros y oradores son presentados con elogios por su reputación de mantener su tiempo devocional. Son consistentes en esta disciplina espiritual y por eso se les elogia, tal vez por encima de cualquier otra disciplina o virtud.

Yo soy hijo de esta enseñanza. Dudo que hubiera llegado a ser un especialista en Biblia en la universidad, obtenido un doctorado en el Antiguo Testamento o viajado por el mundo para leer, escribir y presentar investigaciones sobre la Sagrada Escritura si esta visión específica de la Biblia no estuviera resonando en mi mente. He aprendido muchas lecciones del desafío constante de ir a la casa y leer la Biblia. Es natural tomar la Biblia y leer, estando preparado para ser enseñado a través de la corrección, la represión y el aliento. De ninguna manera quiero menospreciar los beneficios significativos de esta cultura de lectura bíblica. Sin embargo, hay al menos una consecuencia desafortunada y significativa (aunque no intencionada) de esta visión generalizada de la fe.

El ejemplo más obvio se ve en mis estudiantes. Enseño cursos sobre el Antiguo Testamento y hebreo bíblico para los estudiantes de posgrado, muchos de los cuales se están preparando para algún tipo de ministerio. Sin importar cuál sea el curso específico, los estudiantes leen numerosos textos del Antiguo Testamento. Sucede algo curioso, generalmente alrededor de los exámenes parciales: los estudiantes parecen desorientados, y a menudo expresan cuán desequilibrados se sienten. "Estoy haciendo toda esta lectura asignada de la Biblia, pero no estoy teniendo mi tiempo devocional", dicen. Se sienten culpables y avergonzados. Sus horarios están al límite. Algunos tienen uno o dos empleos a medio tiempo, tienen una carga completa de horas de posgrado, son razonablemente sociales, están involucrados en su iglesia local y, como se mencionó en el capítulo de apertura de este libro, están profundamente comprometidos con "relajarse", "ver series" y "desconectar" con diversos tipos de medios digitales. No hace falta decir que sus horas matutinas para el tiempo de quietud están ocupadas con sueño o estudio (generalmente lo primero, según mi observación). No están haciendo lo que se les ha enseñado durante los últimos veinte años más o menos en la iglesia, y se sienten miserables.

Una forma de abordar a tales estudiantes, o a otros que trabajen a tiempo completo con responsabilidades importantes, o los siempre ocupados padres o madres que se quedan en casa, es discutir los detalles de la gestión del tiempo. Dividir los cuadrantes de urgente, no urgente, importante y no importante. He escuchado a sabios en la iglesia y el seminario tomar este camino. Estoy seguro de que yo mismo lo he hecho también. Ciertamente, todos podríamos mejorar el uso de nuestro tiempo, ¿no es cierto?

Recuerdo a estudiantes que (sin que yo lo pidiera) me contaron que han llevado su horario al máximo; no hay forma de que puedan ser más eficientes en sus estudios, me dicen. En efecto, quieren obtener una calificación excelente en mi curso, pero probablemente están en camino de obtener una notable o insuficiente. He sido moderadamente comprensivo con tales estudiantes, al conocer algunas de sus responsabilidades. No pasó mucho tiempo antes de que estos estudiantes confesaran su sujeción ininterrumpida al teléfono y su preocupación por las redes sociales. Cualquiera que sea el caso individual, todos podemos mejorar un poco en el uso del tiempo que tenemos.

La gestión del tiempo, sin embargo, no es a donde dirijo a los estudiantes en estos días. En cambio, me enfoco en llevar la teología de la Sagrada Escritura a mis estudiantes y a cualquier otro sobre el que tenga responsabilidad, ya sea mi familia, la iglesia local, o mis lectores. Primero, la Biblia es viva, activa, santa y pura. No hay restricción espacial para la eficacia de la Escritura. Es decir, no tenemos la sensación de que la Biblia sea *más* santa o *más* activa si se lee en espacios específicos; esto es especialmente cierto con respecto a los hogares. Por ejemplo, en ninguna parte la Biblia parece indicar una sesión exclusivamente de lectura bíblica en la mañana, por parte de individuos en el hogar. De hecho, las instrucciones de Dios parecen democratizarse en términos de tiempo. En el gran texto de Deuteronomio, imaginamos aprender, recitar y enseñar las palabras de Dios en los ritmos y lugares normales de la vida. En segundo lugar, la Santa Escritura es para la esperanza. No está diseñada como un manual que da "una palabra de aliento para el día". Un impulso matutino para sentirse un poco mejor acerca del día está lejos del propósito de la Escritura. Leer los Salmos podría proporcionar este tipo de inspiración azucarada, pero solo a costa de evitar la lucha y el dolor tan presentes en la poesía a lo largo del libro.

Hay un tercer aspecto que no se considera con suficiente frecuencia. La suposición general en toda la Escritura *no* es que los lectores escaneen la Biblia silenciosa e individualmente en la comodidad y privacidad de sus hogares. La comunidad reunida de los santos es el entorno normalizado (aunque *no* exclusivo) para la Sagrada Escritura. Hay dos cosas bastante obvias e interrelacionadas que deben mencionarse aquí. La Escritura está destinada a ser *escuchada* por la comunidad; la Escritura está destinada a ser *leída en voz alta*. La historia de la Iglesia muestra que estos dos puntos se materializan en la lectura de los Salmos en la adoración. Ciertamente, hay precedentes históricos para la lectura silenciosa y meditativa por parte de individuos; de hecho, no estoy sugiriendo que abandonemos la lectura de la Biblia en silencio y de manera solitaria en nuestros hogares. Sin embargo, lo que estoy diciendo es lo siguiente: *la Escritura debe ser leída en voz alta con frecuencia y durante un tiempo considerable ante el cuerpo de Cristo reunido.*

LOS SALMOS JUNTOS

Para tener una vislumbre de cómo la Escritura puede ser el lenguaje de la Iglesia hoy en día, me gustaría contar cómo mi congregación local, Immanuel Community Church en Nueva Orleans, recita y lee la Santa Biblia.[286] No destaco a la iglesia como *el* ejemplo ni ilustro desde una disposición condescendiente. Simplemente ofrezco a la iglesia como un ejemplo encarnado de cómo interactuar con la Escritura, una iglesia que ha moldeado profundamente mi vida y la de mi familia. Immanuel es una congregación fiel, y se ha reflexionado mucho sobre cómo y por qué se lee la Escritura en las reuniones semanales.[287] A continuación se presentan algunas características estándar de nuestras reuniones corporativas.

Nuestro servicio comienza con el pastor dando la bienvenida a todos y luego leyendo un salmo que nos llama a la adoración. Después de eso, cantamos dos cantos juntos. A continuación, como congregación, recitamos un salmo diferente. A lo largo de este año hemos recitado los Salmos 1, 13 y 23. Permanecemos con un salmo por tres meses. En el momento de escribir estas palabras, estamos trabajando en el Salmo 16. Parte de la intención es que memoricemos estos salmos. La recitación se refuerza en nuestros grupos de hogar que se reúnen durante la semana. Cada reunión a mitad de semana incorpora el salmo programado, y el objetivo de esta práctica es que nuestras almas sean moldeadas por las palabras de los Salmos, para prepararnos para lamentar y alabar, así como todo lo que hay en medio

Fuera de la recitación de los Salmos, bastante temprano en la reunión del domingo, un miembro de la congregación se pone de pie y lee un pasaje del Antiguo Testamento y uno del Nuevo Testamento. Estas lecturas suelen ser bastante largas. Cada una abarca casi un capítulo. Después de eso, tenemos una oración pastoral y luego un

---
286. Véase también Brent A. Strawn, *The Old Testament Is Dying: A Diagnosis and Recommended Treatment*, Theological Explorations for the Church Catholic (Grand Rapids: Baker Academic, 2017), pp. 213-42.
287. Debo añadir que esto era así mucho antes de que yo llegara.

canto comunitario más. Cuando nuestro pastor llega al momento de la predicación, él, como es habitual, lee el pasaje que se va a predicar. Actualmente está predicando a través del libro de 1 Samuel. Así, en una reunión normal de Immanuel los domingos, esto equivale a escuchar dos salmos, dos lecturas adicionales (Antiguo y Nuevo Testamento) y el texto para el sermón. Para los no iniciados, esto puede parecer abrumador, aburrido y excesivo.[288] Algunos comentarios deberían ayudar a mostrar por qué esas impresiones iniciales no son las correctas.

En primer lugar, es una posición profundamente teológica que la Sagrada Escritura debe ser *efectiva* en la vida de la iglesia. Notablemente, esta audición en varios casos es despojada de adornos. Es decir, para los dos salmos y las lecturas del Antiguo y Nuevo Testamento no se añade comentario, exhortación, ilustración o aplicación. En segundo lugar, es bueno para nosotros escuchar la Biblia leída en voz alta juntos como iglesia reunida. Si bien es completamente apropiado leer la Escritura solo y en silencio cada mañana en nuestras casas y apartamentos, nuestra iglesia cree que eso no sustituye el escuchar las palabras de Dios *juntos*. En tercer lugar, nuestra congregación (incluyéndome a mí) puede crecer en nuestras habilidades de escuchar y nuestra capacidad para enfocar nuestra atención. Tal vez, la mejor manera de hacerlo es a través de la práctica continua. Así, ensayamos este hábito cada semana.

Esta experiencia con hermanas y hermanos en Cristo se ha convertido en uno de los momentos más dulces, enriquecedores, y llenos de expectativa de mi ritmo semanal. Ha habido días en los que estoy cansado, distraído, o ambas cosas. Algunas lecturas y recitaciones son aburridas (probablemente por mi culpa como oyente). También he escuchado a un lector torpe en sus palabras o con el énfasis equivocado en la lectura, pero he aprendido que todo eso está bien.

---

288. En otras tradiciones, por supuesto, esto es bastante normal.

Regreso el domingo siguiente, preparado para escuchar la Escritura nuevamente.

Esta vida con ritmo ha sido un cambio bastante drástico para mí. He estado en iglesias donde solo se leían unos pocos versículos en cada reunión. Durante una temporada, que duró alrededor de tres años, la exhortación principal del sermón semana tras semana era "Ve a la casa y lee tu Biblia". De nuevo, como profesor de Antiguo Testamento, podría (en cierto nivel) apoyar esta exhortación; sin embargo, estaba claro que casi todos los textos bíblicos para el sermón tenían por hacer en su centro algo *diferente* que dispersar a la gente y hacer que leyera la Biblia sola. Sabía que había una mejor visión de la predicación. Es más, en algún lugar profundo en mi interior, entendía que había una manera mejor, más rica, más reflexiva, y de hecho, más teológica para que la iglesia se involucrara con la Escritura. Immanuel ha sido la encarnación de una práctica saludable, por lo que estoy profundamente agradecido.[289]

Sin embargo, la visión de la fe como sinónimo de lectura personal de la Biblia en la mañana sigue siendo fuerte. Un domingo, mientras viajábamos, mi familia y yo visitamos una hermosa iglesia. Fuimos bienvenidos y alentados a cantar alabanzas a Dios. En el sermón, un joven predicador estaba recorriendo, línea por línea, Colosenses 2. El texto es un pasaje rico y profundamente cristológico que habla de la maravilla del bautismo y la fe, así como de los desafíos de las filosofías circundantes que son vacías y vanas. En Colosenses 2:7 el predicador se encontró con frases clave, como "arraigados y edificados en él", pero no pudo ofrecer los tesoros del versículo, excepto al interpretar las ricas frases teológicas como sinónimas del tiempo personal de quietud. A partir de ahí, el joven confesó su inestable hábito de leer la Escritura en soledad. Algunas semanas fueron buenas; otras, malas. Sin embargo,

---

289. Debo añadir aquí el reconocimiento de los dulces momentos pasados en Eden Baptist en Cambridge, Inglaterra, a lo largo de los años. Esta congregación abrió mi mente y mis oídos a mejores prácticas con respecto a la lectura colectiva de la Escritura.

se animó a sí mismo y a la congregación a seguir adelante y continuar. Mientras él improvisaba sobre la aplicación de lo que decía, mi esposa (que, hasta donde sé, es la mujer más gentil, amable y alentadora que ha existido) se inclinó y dijo en voz baja: "No creo que el apóstol Pablo tenga en mente un tiempo de quietud en la mañana cuando escribe sobre estar arraigado en Cristo". Mi esposa casi nunca se equivoca. Todo esto es para decir que necesitamos que nos recuerden —y creo que con bastante frecuencia—, que la Escritura moldea nuestro corazón y nuestra mente. Es especialmente significativo escuchar los Salmos y el resto de la Biblia leídos y recitados en las reuniones corporativas de los santos. Como somos un pueblo distraído, renovemos constantemente nuestra atención hacia la potente poesía de los Salmos. A través de tal trabajo, que el Espíritu Santo nos enseñe y nos amoneste, para la gloria de Dios Padre, en el nombre del Hijo. Amén.